La nouvelle justice pénale des mineurs

Droit privé et sciences criminelles

Collection dirigée par Yves Strickler

Créée fin 2011 par Yves Strickler et le *Centre d'études et de recherches en droit privé* (devenu le *Centre d'études et de recherches en droit des procédures* en 2013) de la Faculté de droit et science politique de Nice, la présente collection a pour vocation principale de publier des ouvrages en liaison avec le thème retenu pour dénomination de la collection. Cette dernière rassemble des recherches originales, tirées notamment de travaux de recherche, de manifestations scientifiques ainsi que d'ouvrages collectifs sur les interrogations actuelles que rencontre la science juridique, spécialement dans le domaine du droit privé et des sciences criminelles.

Dernières parutions

L'action civile en droit pénal des affaires (dir. Coralie Ambroise-Castérot), août 2021, 140 pp

Les juridictions au cœur des interactions sociales. Approche franco-russe (dir. Xavier Latour et Anne-Sophie Siew-Guillemin), avril 2021, 184 pp

Le renouveau du droit des obligations. Perspectives franco-japonaises (dir. Gaël Chantepie, Mathias Latina, Aya Ohsawa), septembre 2020, 208 pp

Le droit et la science politique à l'épreuve des crises du XXIe siècle (dir. Nils Monnerie et Cloé Ponzo), juillet 2020, 192 pp

Nouvelles procédures civiles, nouvelles pratiques professionnelles ? Bilan et perspectives (dir. Natalie Fricero et Marie-Cécile Lasserre), juin 2020, 176 pp

Équilibre(s) et déséquilibres(s) en droit : regards croisés Droit et Gestion (dir. Anne-Sophie Siew-Guillemin, Alexandra Baile, Cédric Chapelle, Caroline Fabre), mai 2020, 260 pp

Les difficultés des petites entreprises : regards croisés Droit et Gestion (dir. Gulsen Yildirim et Alain Rivet.), mai 2020, 184 pp

Les sanctions de l'inexécution après la réforme du droit des contrats, Louise Bottin, mai 2020, 152 pp

Presse et procès pénal (dir. Christine Courtin, Fabienne Ghelfi et Cédric Porteron), février 2020, 280 pp

Université et prétoire, Mélanges en l'honneur de Monsieur le Professeur Claude LIENHARD (dir. Isabelle Corpart, Caroline Lacroix et Marie-France Steinlé-Feuerbach), janvier 2020, 422 pp

Sous la direction de
Pascal Oudot
Laurent Sebag

La nouvelle justice pénale des mineurs

L'Harmattan

5-7, rue de l'École-Polytechnique, 75005 Paris
http://www.editions-harmattan.fr
ISBN : 978-2-14-028941-5
EAN : 9782140289415

Responsables scientifiques

Pascal OUDOT
Laurent SEBAG

Auteurs :

Julie GADIOLLET, Vice-Présidente en charge de la coordination du Tribunal pour enfants de Draguignan

Laurent GEBLER, Président de la chambre spéciale des mineurs, CA Paris - Président de l'association française des magistrats de la jeunesse et de la famille

Laurence LANATA, Directrice Territoriale de la PJJ du Var

Christine LAZERGES, Professeur émérite à l'Université Paris 1 Panthéon-Sorbonne

Sylvie MOTTES, Présidente du TJ de Toulon

Anne NOUALLET-BROSSAULT, Psychiatre des Hôpitaux, expert près la Cour d'appel d'Aix-en-Provence, *Diplôme de criminologie Université Paris-Descartes, et de criminologie renforcée UT Capitole*

Pascal OUDOT, MCF-HDR, Directeur du CERC (EA 3164), Faculté de droit de Toulon

Hortense PAIN, Substitute des mineurs au Parquet de Toulon

Laurent SEBAG, Président de chambre au TJ Toulon, Co-Directeur de la préparation aux concours d'accès à l'ENM près l'université de Toulon

Odile SIMONIN, Avocate au Barreau de Toulon

Akila TALEB-KARLSSON, MCF, Université de Toulon, CDPC UMR 7318 DICE, Vice-Doyenne déléguée aux relations internationales, Faculté de Droit de Toulon

Sommaire

Avant-propos

Pascal Oudot et Laurent Sebag

« *Un enfant mal éduqué est un délinquant bien formé* »
Théodore Kudi

Lorsque nous avons pris connaissance du Code de la justice pénale des mineurs, il nous est immédiatement apparu que ce dernier ne répondait pas simplement à la nécessité organisationnelle d'une codification à droit constant, procédé très en vogue pour mettre de l'ordre dans notre ordonnancement juridique. Cette codification était de toute manière d'autant plus opportune que le droit pénal de la minorité, souvent faussement résumé à la seule ordonnance du 2 février 1945, était un droit jusqu'alors totalement éparpillé, reflétant de la sorte, le peu d'intérêt du législateur pour ce sujet de droit bien particulier qu'est l'enfant et, sans doute aussi, son malaise de devoir traiter cette alliance apparemment contre nature entre un être si vulnérable et sa singulière capacité à devenir, lui aussi, auteur de crimes ou de délits.

Le Code de la justice pénale des mineurs se voulait être, aux yeux de son concepteur, révolutionnaire dans les modalités de prise en charge, la procédure et les réponses apportées à la délinquance des mineurs. Force est de constater que c'est un objectif partiellement atteint et encore, pas là où on l'attendait. À bien des égards, les réponses apportées, les principes consacrés sont les mêmes que ceux qui jalonnaient le procès pénal du mineur de l'ordonnance de 1945. Cependant, sous l'influence d'un prisme du temps rénové et de l'interversion de certaines phases procédurales, l'équilibre du procès pénal du mineur en a été bouleversé et pas que pour lui, pour les tiers aussi. En outre, les cartes ont été rebattues et l'artisan du procès n'est plus le juge des enfants. Il demeure certes le spécialiste de la justice du mineur promu, tel Janus, à en être son protecteur et son correcteur, mais il n'est plus l'artisan de cette correction.

Il aurait pu sembler pertinent d'attendre les premières applications de ce nouveau code pour réfléchir à son impact sur la physionomie de la justice pénale des mineurs et au besoin, crier aux abois. Mais la perspective prospective qui permet de mettre en évidence, avant la pratique, les inconvénients d'un nouveau système peut aider à en gommer les imperfections en mettant en garde ses exécutants. C'est la raison pour laquelle, il était inconcevable que ce colloque ne soit pas le théâtre d'un regard croisé préalable de tous ces praticiens (universitaires, magistrats, avocats, éducateurs, médecins…) aux fins de préparer la mise en œuvre de ce nouvel outil de justice.

LA RÉFORME DE LA JUSTICE PÉNALE DES MINEURS

Propos introductifs sur le pilotage d'une juridiction face à la mise en œuvre de la réforme

Sylvie MOTTES
Présidente du Tribunal judiciaire de Toulon

Nous sommes réunis aujourd'hui dans une agora, comme dans la Grèce ancienne, plus particulièrement à Athènes. Nous constituons déjà une assemblée de citoyens, mais surtout une assemblée de professionnels du droit, d'universitaires, d'avocats, d'étudiants notamment.
Vous êtes tous des gens de culture aussi je vais dans mes propos introductifs questionner une date : 399 avant J C. Cette date renvoie à un évènement qui a marqué les temps, les siècles et qui a donné lieu à des controverses, à des joutes intellectuelles, à des polémiques, mais également à une réécriture de l'histoire.
Pourquoi vous parler de Socrate ?[1]
Parce qu'il est philosophe et que le philosophe partage avec l'enfant ce même étonnement devant le monde. Ils ont en commun cette capacité à questionner et à franchir, dans une forme de rébellion ou de résistance, la limite, la règle, la loi pour l'enfant adolescent, ou encore les idées reçues pour le philosophe.
Aujourd'hui il est question de la réforme de la justice pénale des mineurs, donc du procès[2]. Si nous savons peu de choses du droit athénien, nous savons à l'inverse qu'il existait déjà une césure dans le procès pénal. Socrate était poursuivi pour impiété et corruption de jeunes gens. Il a comparu devant un tribunal composé de 501 juges dont la majorité s'est prononcée (260 voix sur 500 ou 501) pour sa culpabilité.
Ensuite, conformément à la procédure athénienne, l'accusateur, personne privée, en l'occurrence Mélétos, a proposé comme sanction la peine de mort. Socrate aurait dû faire une contre-proposition et demander l'exil.

---

[1] Paulin ISMARD, « L'événement Socrate », collection Champs Histoire, Flammarion, 2017.
[2] Assemblée nationale, n° 3637, Rapport fait au nom de la commission des lois constitutionnelles, de la législation et de l'administration générale de la République, sur le projet de loi après l'engagement de la procédure accélérée, ratifiant l'ordonnance 2019-950 du 11 sept 2019 portant partie législative du code de la justice pénale des mineurs par M. Jean TERLIER, député

À cette époque l'histoire et la philosophie n'étaient pas des disciplines distinctes.
Écoutons d'abord Platon : dans ses écrits, il indique que Socrate a fait comme contre-proposition d'être nourri au Prytanée, privilège réservé aux bienfaiteurs de la cité – ce qui constituait une forme de provocation ; puis il s'est rétracté et il a proposé une amende que Platon était prêt à garantir.
D'après Xénophon, Socrate n'a pas fait de contre-proposition, ce qui l'a conduit à la mort qui a été votée par 360 voix.
Socrate s'est donc inscrit dans une défense de rupture.
Ces propos introductifs permettent de rappeler combien la justice, le droit et la procédure constituent une préoccupation des sociétés. Dans ce procès, il est déjà question de la césure.
La réforme de la justice pénale des mineurs conforte les grands principes de l'ordonnance du 2 février 1945, à savoir
- la primauté de l'éducatif,
- la limitation du recours à la détention provisoire,
- la spécialisation des juridiction1s pour mineurs,
- l'atténuation de la responsabilité pénale

et elle inscrit dans le texte la présomption de non-discernement pour les mineurs de moins de 13 ans.
À cet égard, je rappelle les discussions au sein de l'Assemblée nationale, les parlementaires définissant les contours de la notion d'enfant et de celle de minorité. La notion d'enfant renvoie à une étape dans le développement de l'être humain tandis que la minorité renvoie à l'état civil. C'est ainsi que le juge des enfants est resté nommé « juge des enfants », tout comme le tribunal pour enfants.
La réforme acte enfin le principe de la césure entre le prononcé sur la culpabilité et le prononcé de la sanction.
Ceci étant dit, sachant que les débats permettront d'approfondir ces sujets, je vais rester sur des considérations assez pratiques. Je vais donc exposer ce qu'est un tribunal pour enfants dans un ressort qui est celui du tribunal judiciaire de Toulon (I) et comment on met en œuvre une réforme dans le contexte propre à cette juridiction (II).

I. Le contexte du tribunal pour enfants de Toulon

Je ne voudrais pas en effet que les universitaires et le public ici présents soient, à l'instar des politiques notamment, éloignés des considérations pratiques qui sont les nôtres.

Le tribunal judiciaire de Toulon a un ressort qui compte 550 000 habitants approximativement. La circulaire de localisation des emplois fixe à 42 le nombre de magistrats du siège parmi lesquels 4 emplois de juge des enfants. Sont à côté de ces 4 juges des enfants des personnels de greffe, greffiers et adjoints administratifs, soit 8,40 ETPT. Deux substituts du procureur de la République exercent leurs attributions à la tête du parquet des mineurs. Ils interviennent dans le champ des mineurs et de la famille et couvrent le domaine des violences intrafamiliales.
L'histoire du tribunal pour enfants de Toulon révèle une vacance de poste de juge des enfants qui s'est durablement installée. À ce jour, un poste est vacant, mais la cour d'appel d'Aix-en-Provence a consenti la délégation d'un juge placé. En janvier 2022, ce poste sera toujours vacant et un heureux avènement touchant l'une des juges des enfants va se traduire par une absence de quatre mois au moins. Finalement ce sont deux juges placés qui seront délégués pour 4 mois.
La démonstration est faite qu'en termes de ressources humaines, la mise en œuvre de la réforme, qui se traduit par un doublement des audiences du tribunal pour enfants communément appelées TPE, risque d'être difficile. Il faudra compter une fois de plus sur la bonne volonté des magistrats et des fonctionnaires et la compréhension des professionnels du droit.
Madame la directrice de la protection judiciaire de la jeunesse, ici présente, vous livrera peut-être les mêmes difficultés qu'elle rencontre dans son administration.
Je me dois cependant de rappeler que cette réforme s'est faite au plan national avec la création de 500 postes de juge des enfants, d'un peu plus de 400 postes de fonctionnaires et le recrutement de juristes assistants et de contractuels B. Nous avons pu recruter pour le tribunal pour enfants de Toulon une juriste assistante et un contractuel B.

II. La mise en œuvre de la réforme

J'ai évoqué à l'instant les principes fondateurs de l'ordonnance du 2 février 1945 qui ont été réaffirmés dans le nouveau texte.
Je voudrais cependant faire un point sur un concept qui a été profondément modifié, celui de la temporalité.
Sous le régime de l'ordonnance de 1945, une fois le juge des enfants saisi d'une procédure de délinquance, il avait toute latitude pour gérer dans le temps le dossier de délinquance qui pouvait être doublé d'un

dossier d'assistance éducative. La construction psychique de l'enfant et de l'adolescent se fait dans le temps. Un enfant de 14 ans ne va pas appréhender de la même façon l'audience chez le juge des enfants que celui qui a 16 ans. Ainsi dans cette pratique, le juge des enfants fixait le jugement des procédures dans un temps qui pouvait être éloigné de celui de la commission des faits. Les victimes patientaient.

Dans le cadre de la réforme, des délais sont fixés, à savoir trois mois pour l'audience de culpabilité, puis de six à neuf mois pour l'audience de sanction. Aucune sanction ne s'attache au non-respect de ces délais. Heureusement…

Le contexte tel que je l'ai décrit supra en termes de ressources humaines, qui s'est considérablement dégradé ces 20 dernières années, a conduit les juges des enfants à privilégier le traitement de l'assistance éducative, c'est-à-dire l'enfance en danger, la moyenne étant de 350 dossiers d'assistance éducative en cours par cabinet.

Ainsi lors de la préparation de la forme, il s'est avéré qu'au tribunal pour enfants de Toulon 700 procédures étaient en attente de traitement et certaines d'entre elles en limite de prescription. La réforme demandait cependant aux juges des enfants de traiter dans un délai contraint ces procédures, de manière à n'avoir à traiter que les nouvelles procédures à compter de 30 septembre 2021.

Les juges des enfants et des magistrats du parquet on fait un remarquable travail de tri ramenant à 400 dossiers environ le stock de procédures à traiter. Les magistrats du parquet se sont orientés vers les alternatives aux poursuites et les classements sans suite pour ramener ce stock à de plus justes proportions.

Aujourd'hui, cela a été confirmé lors du dernier comité de pilotage mis en place à la faveur de cette réforme, les magistrats du tribunal pour enfants ont la situation en main et sont engagés avec sérénité dans ce qu'on peut appeler de nouvelles pratiques.

La loi est parfaite, mais pas complètement dans la mesure où de nombreuses questions juridiques restent en suspens. Les comités de pilotage permettent de définir des réponses dans l'attente d'une confirmation par la jurisprudence ou des notes ou encore des circulaires de l'administration centrale. Les foires aux questions et les listes de discussion des magistrats spécialisés permettent également d'obtenir des réponses à ces « vides juridiques ».

Présentation générale de la réforme

Laurent SEBAG
Vice-Président du Tribunal judiciaire de TOULON
Enseignant associé à l'Université de TOULON

Depuis le 30 septembre dernier, les mineurs de ce pays sont poursuivis sur la base d'un Code de justice pénale des mineurs et plus de l'ordonnance du 2 février 1945 relative à l'enfance délinquante, reléguée après 76 ans de loyaux services, mais étaient-ils bons ?
Si l'on peut être surpris par le moment choisi et le contexte précipité de cette réforme qui a été votée au terme d'un débat accéléré via les ordonnances de l'article 38 de la Constitution, ne serait-ce que parce qu'il n'était pas évident que les conditions constitutionnelles en fussent réunies[1], en particulier celle de l'urgence, il n'est pas contestable qu'un besoin criant de lisibilité du droit pénal de la minorité se faisait sentir aussi bien pour les praticiens que la famille du mineur.
Ce code structuré selon un plan en huit parties, construit autour d'un ensemble de dispositions spécifiques aux mineurs se déclinant en une partie législative puis règlementaire, porté par la symbolique d'une idée par article, est l'héritier de la constitutionnalisation du droit pénal de la minorité qui a largement inspiré les débats parlementaires à son origine. Il est aussi le témoin du caractère auto-exécutoire d'une partie de la Convention internationale des droits de l'enfant.
Les articles 9 et 10 de l'ordonnance n°2019-950 du 11 septembre 2019 ont réglé l'organisation du procès pénal du mineur pendant la période transitoire. Jusqu'au 29 septembre 2021 inclus, les poursuites, le stock et les COPJ en cours ont été traités jusqu'à la fin du dossier sous l'ordonnance de 1945. À compter du 30 septembre 2021, toutes les poursuites ont été traitées sous l'empire du Code de justice pénale des mineurs. Cette frontière facile à définir sur le principe ne manque pas d'être plus hasardeuse lorsqu'il s'agit de l'appliquer à certaines exceptions de procédure. Cependant, on peut retenir qu'en application du principe de rétroactivité des lois pénales plus douces, depuis le 30 septembre 2021, la présomption de non-discernement est applicable à toutes les procédures en cours nonobstant les dates des faits et de la poursuite. Au nom du même principe général, à compter du

---

[1] Laurent SEBAG, « *Ordonnance sur ordonnance ne vaut ! À propos de la création d'un Code de justice pénale des mineurs* », La Semaine Juridique ed. G, n°49, 3 déc. 2018, p. 2181.

30 septembre, il faut apprécier dans le cadre des mesures de sûreté pour les dossiers sous l'empire de l'ordonnance de 1945 si les dispositions dont s'agit ne sont pas plus favorables sous l'empire du Code de justice pénale des mineurs, auquel cas, il trouve à s'appliquer.

Il faut savoir par ailleurs que « *les dispositions législatives et réglementaires en matière de droit pénal et de procédure pénale, notamment celles du code pénal et du code de procédure pénale, sont applicables aux mineurs, sauf lorsqu'il en est disposé autrement par les dispositions du* (…) » Code de justice pénale des mineurs[2].

La nouvelle justice pénale des mineurs issue de la codification est le fruit de plusieurs constats touchant aux particularités de la délinquance des mineurs. Contrairement à ce que l'on pourrait penser et qui est souvent travesti par les médias et les discours politiques, la part des mineurs dans la délinquance est stable depuis plus de dix ans. De la sorte, 13% seulement des actes délinquantiels sont commis par des mineurs. Seule la nature des infractions commises par les mineurs a quelque peu évolué, mais toutefois pas dans des proportions considérables. Ainsi, entre 2010 et 2020, les vols ont baissé de 17%, de même que les affaires en lien avec les stupéfiants ont diminué de 13%, là où en revanche, les crimes et délits contre les personnes ont augmenté de 10%[3], démontrant un recours plus fréquent à la violence, sans doute corrélée à une perte de repères des adolescents, laquelle n'est pas dénuée de lien avec les difficultés éducatives parentales induites par une crise économique qui touche tout le monde, mais sans doute davantage encore, les familles pauvres et monoparentales.

Elle est aussi à mettre en lien avec la physionomie contemporaine du procès pénal du mineur ponctué d'une certaine longueur. Je ne dirai pas lenteur, parce que cela induirait une critique sur la productivité des juges des enfants et, ce champ sémantique au-delà d'être foncièrement inapplicable à un service public, serait d'autant plus inapproprié qu'en sciences économiques, la productivité tient compte aussi des moyens alloués au travailleur, c'est-à-dire qu'elle ne s'apprécie pas qu'à l'aune du travail fourni. Elle prend en considération le capital apporté…et pour

---

[2] CJPM, art. L. 13-1.

[3] Annuaire statistique de la Justice 2020.

ce qui est du capital consacré à la justice française par ses gouvernants, il est assez ténu[4]…

Cette longueur du procès pénal du mineur se ressent à l'annonce des chiffres suivants : 18 mois sont nécessaires pour juger un mineur à partir de l'engagement des poursuites jusqu'à la réponse, voire 20 mois pendant la crise sanitaire, 45% des affaires sont jugées après que le mineur a atteint la majorité civile et plus de 800 des mineurs détenus, soit 84%, le sont sous le régime de la détention provisoire dans l'attente de leur jugement[5]. Cela complexifie le suivi judiciaire et éducatif du mineur et de sa famille, contribuant à une perte de visibilité de la procédure, pour les professionnels comme pour la victime.

Ce n'est donc pas uniquement parce que l'ordonnance n°45-174 du 2 février 1945 relative à l'enfance délinquante était devenue illisible de tous, au terme de 50 modifications successives, que le droit pénal des mineurs a été réformé. Il l'a été aussi et surtout parce que les chiffres évoqués nécessitaient à la fois de juger plus rapidement les mineurs, justiciables en développement pour lesquels le cours du temps, notion très relative à leurs yeux, est un facteur de mauvaise compréhension du sens de la décision pénale (I) et, de clarifier le régime des poursuites de l'enfance délinquante pour être plus efficaces (II).

Dans cette perspective de quête d'une justice pénale plus rapide, le Dr Anne Nouallet-Brossault pourra certainement nous éclairer cet après-midi sur la spécificité de la temporalité de la vie psychique de l'enfant et sans doute, son extrême porosité à la relativité du temps qui passe. Dans la recherche d'une justice plus efficace, nous verrons au travers de la contribution de Me Odile Simonin, comment le législateur a érigé en principe la continuité de l'intervention de l'avocat aux côtés du mineur délinquant[6].

Avant de nous aventurer au cœur de ce qui a changé avec le Code de la justice pénale des mineurs, il convient de rappeler que nombre de

---

[4] La Commission européenne rappelle pour apprécier l'efficacité de la Justice française que celle-ci est au 13e rang sur 27 pour le budget et le fonctionnement de sa justice, 77 euros par habitant lui étaient alloués en 2019, là où l'Allemagne et la Grande-Bretagne étaient déjà au double et le Luxembourg au triple (tableau de bord 2021 de la justice dans l'Union européenne p.40 graphique 29), en 24e position pour les dépenses consacrées à ses juridictions (représentant 0,24% du PIB selon le tableau de bord 2021 de la justice dans l'Union européenne p.41 graphique 30) et, en 25e position pour le nombre de magistrats par habitant (10 pour 100 000 selon le tableau de bord 2021 de la justice dans l'Union européenne p.44 graphique 32).

[5] Annuaire statistique de la Justice 2020.

[6] CJPM, art. L. 12-4 in fine : « *Lorsqu'un avocat a été désigné d'office, dans la mesure du possible, le mineur est assisté par le même avocat à chaque étape de la procédure* ».

principes philosophiques et modes d'organisation n'ont pas varié. À titre d'exemples :

- 1/ l'âge de la majorité pénale reste à 18 ans, seuil à partir duquel le droit pénal des mineurs disparaît au profit d'une justice pénale de droit commun, le droit français ne prévoyant pas de droit particulier pour les jeunes majeurs leur permettant de bénéficier des spécificités du droit des mineurs, comme ce peut être le cas en Allemagne ou aux Pays-Bas ;

- 2/ les grands principes directeurs du droit pénal de l'enfance initiés par l'ordonnance du 2 février 1945 sont repris et consacrés via la codification :

    - l'atténuation de la responsabilité pénale du mineur[7],en ce que la sanction encourue est fonction de l'âge du mineur au moment des faits[8] ;
    - la spécialisation de la justice des mineurs[9], le juge des enfants conservant sa double compétence en assistance éducative et pour juger les mineurs délinquants tout en respectant la décision du Conseil constitutionnel sur l'impartialité du juge des enfants, en accentuant la spécialisation des acteurs par celle du juge des libertés et de la détention[10], le juge des enfants n'assumant plus jamais le placement en détention provisoire comme il pouvait le faire dans le cadre de l'ancienne procédure de présentation immédiate aujourd'hui disparue ;
    - la primauté de l'action éducative sur le volet répressif qui doit demeurer subsidiaire[11], une peine ne pouvant être prononcée par exception que si la mesure éducative est insuffisante, et ce, en vue de la réinsertion du mineur et la construction de sa personnalité, à l'instar de la philosophie de justice portée par les

---

[7] CJPM, art. L. 11-5 : « *Les peines encourues par les mineurs sont diminuées conformément aux dispositions du présent code* ».

[8] CJPM, art. L. 13-2 : « *À moins que le présent code n'en dispose autrement, la juridiction compétente, la procédure applicable ainsi que les mesures et peines encourues sont déterminées selon l'âge du mineur à la date des faits* ».

[9] CJPM, art. L. 12-1 : « *Les crimes, délits et contraventions de la cinquième classe reprochés à un mineur sont instruits et jugés par des juridictions et chambres spécialisées ou spécialement désignées ou composées, devant lesquelles les procédures sont adaptées.*

[10] CJPM, art. L. 12-1 et D. 232-1.

[11] CJPM, art. L. 11-3 : « *Les mineurs déclarés coupables d'une infraction pénale peuvent faire l'objet de mesures éducatives et, si les circonstances et leur personnalité l'exigent, de peines* » et L. 11-4 : « *Aucune peine ne peut être prononcée à l'encontre d'un mineur de moins de treize ans* ».

règles de Beijing adoptées par l'Assemblée Générale des Nations Unies le 29 novembre 1985 concernant l'administration de la justice pour mineurs ;
- la publicité restreinte des débats telle que rappelée à l'article L. 12-3 du CJPM ;

- 3/ une audience unique sur la culpabilité et la sanction, donc sans césure, pour les mineurs récidivistes, soit devant le juge des enfants s'il se considère suffisamment informé sur la personnalité du mineur, soit devant le tribunal pour enfants directement saisi par le parquet à l'issue du déferrement lorsque, cumulativement :
- condition de peine encourue : si une peine d'emprisonnement supérieure ou égale à 5 ans est encourue par un mineur de 13 à 16 ans ou supérieure ou égale à 3 ans par un mineur de plus de 16 ans ;
- une des conditions suivantes : soit existe un antécédent (mesure éducative, MJIE, mesure de sûreté, déclaration de culpabilité, peine) et le tribunal dispose d'un rapport de personnalité de moins d'un an, soit le mineur est poursuivi pour le délit prévu par le dernier alinéa de l'article 55-1 du Code de procédure pénale (refus de se soumettre aux opérations de prélèvement ordonnées par l'officier de police judiciaire).

- 4/ la procédure d'information devant le juge d'instruction pour les affaires criminelles ou complexes, qui exigent des investigations approfondies sur les faits.

Et en définitive, même si la révolution n'est pas toujours aux endroits où on pouvait l'attendre, le Code de justice pénale des mineurs a bouleversé la physionomie du procès pénal qui se veut plus rapide (I) au nom d'une justice souhaitée plus efficace par le législateur (II).

I. Une nouvelle procédure gage de réactivité…

Je n'évoquerai pas l'exercice de l'action publique et en quoi il est modifié par la réforme, ne voulant pas empiéter sur la prise de parole de Mme la Procureure PAIN.
L'objectif principal du législateur a été via la césure du procès pénal de raccourcir les délais afin de recentrer la procédure autour du parcours du mineur (A) et indemniser plus rapidement la victime (B).

A. (…) Pour le mineur

L'un des grands changements tient au fait qu'il y a une totale suppression de la mise en examen devant le juge des enfants. Par conséquent, cela devrait permettre théoriquement de raccourcir mécaniquement les délais de jugement puisque cette phase d'instruction devant le juge des enfants était la plus longue.
Mais pas que… puisque le procès traditionnel se décline désormais en trois étapes[12].

1) Un jugement rapide sur la culpabilité en moins de 3 mois[13] :

Est généralisée une procédure en deux étapes distinctes, ponctuée d'une césure entre deux, avec un jugement sur la culpabilité en moins de 3 mois.
Dans les 10 jours à 3 mois de la commission des faits, le mineur doit être convoqué à l'audience d'examen de la culpabilité et doit être réalisé dans cet intervalle, un recueil de renseignements socio-éducatifs (RRSE).
Même si ce laps de temps réduit ne manque pas de poser des difficultés pour lui permettre d'organiser sa défense, il permet au mineur, à travers cette nouvelle temporalité, de connaître dès le prononcé de sa culpabilité, la date du jugement de prononcé de la sanction et la juridiction devant laquelle il comparaîtra. C'est ce qui fait dire au Dr Jean CHAMBRY, pédopsychiatre chef de pôle au GHU psychiatrie et neurosciences de Paris qu'une « *réponse pénale doit intervenir rapidement afin de répondre à la temporalité de la vie psychique de l'adolescent, ancré dans l'instant présent. Apporter une réponse rapide sur sa culpabilité permet à l'adolescent de se confronter à la réalité de*

---

[12] CJPM, art. L. 521-1.
[13] CJPM, art. L 521-7 à 12 et D. 521-3.

son acte, de le responsabiliser et d'engager plus facilement un travail éducatif au service de son insertion »[14].

Si le juge des enfants est saisi, il peut toutefois renvoyer au tribunal pour enfants pour examen de la culpabilité en cas de complexité de l'affaire.

2) Une mise à l'épreuve éducative de 9 mois maximum[15] :

Une mise à l'épreuve éducative est ouverte ensuite pour une période de 6 à 9 mois, comportant des mesures éducatives et/ou des obligations et interdictions pour le mineur. En cas de commission d'une nouvelle infraction, les procédures sont regroupées. Le mineur est jugé de la sorte au cours d'une même audience sur l'ensemble des affaires qui le concernent.

Là encore, cette nouvelle procédure concilie les exigences du Conseil constitutionnel en matière d'impartialité[16], un même juge ne pouvant instruire une affaire et la juger et, la continuité de l'intervention du juge des enfants auprès d'un même mineur, de la déclaration de culpabilité jusqu'à l'exécution de la sanction.

3) Un jugement sur la sanction en une année maximum[17] :

Le calcul est vite fait. La sanction a vocation à intervenir dans un délai de 12 mois maximum après la commission des faits. Cette sanction est

---

[14] Propos repris par la députée Alexandra Louis lors de la discussion du projet de loi ratifiant l'ordonnance n° 2019-950 du 11 septembre 2019 portant partie législative du code de la justice pénale des mineurs (n°s 2367, 3637).

[15] CJPM, art. L 521-13 à 23 et D. 521-4 à 6.

[16] Cons. Constit. Décision n° 2021-893 QPC du 26 mars 2021 : « *Le principe d'impartialité des juridictions ne s'oppose pas à ce que le juge des enfants qui a instruit la procédure puisse, à l'issue de cette instruction, prononcer des mesures d'assistance, de surveillance ou d'éducation. Toutefois, en permettant au juge des enfants qui a été chargé d'accomplir les diligences utiles à la manifestation de la vérité de présider une juridiction de jugement habilitée à prononcer des peines, les dispositions contestées méconnaissent le principe d'impartialité des juridictions* » ; Décision n° 2011-147 QPC du 8 juillet 2011 « *Considérant que le principe d'impartialité des juridictions ne s'oppose pas à ce que le juge des enfants qui a instruit la procédure puisse, à l'issue de cette instruction, prononcer des mesures d'assistance, de surveillance ou d'éducation ; que, toutefois, en permettant au juge des enfants qui a été chargé d'accomplir les diligences utiles pour parvenir à la manifestation de la vérité et qui a renvoyé le mineur devant le tribunal pour enfants de présider cette juridiction de jugement habilitée à prononcer des peines, les dispositions contestées portent au principe d'impartialité des juridictions une atteinte contraire à la Constitution ; que, par suite, l'article L. 251-3 du code de l'organisation judiciaire est contraire à la Constitution* ».

[17] CJPM, art. L 521-24 et 25 et D. 521-7.

éducative en première intention conformément au principe de sa primauté et ne peut être qu'exceptionnellement répressive.
À cet égard, les sanctions éducatives, obsolètes réponses de type intermédiaire entre les mesures éducatives et les peines, ont été supprimées par le Code de justice pénale des mineurs.
La sanction est décidée en fonction de la personnalité du mineur, de son évolution depuis l'audience de culpabilité et, le cas échéant, en prenant en compte la réitération entre-temps des infractions. Mais le jugement peut aussi constater l'insertion du mineur par une déclaration de réussite éducative.
Le juge des enfants dans l'enceinte de sa chambre du conseil peut aussi dorénavant prononcer des peines alors que c'était rigoureusement impossible sous l'empire de l'ordonnance du 2 février 1945, ces dernières devant avoir une portée éducative : stages, confiscation de l'objet ayant servi à commettre l'infraction, travail d'intérêt général…
Mais le temps ne fait pas tout, surtout que l'ensemble de ces délais ne sont assortis d'aucune sanction qui viendrait sceller l'existence d'un vice de procédure engendrant sa nullité et/ou un avortement des poursuites. C'est pourquoi les magistrats peuvent être dubitatifs sur l'intérêt d'un tel découpage temporel si la réforme ne s'accompagne pas d'une augmentation des budgets de la PJJ afin de faciliter le recrutement de nouveaux éducateurs ou la mise en place de nouvelles structures, car ce sont les services éducatifs qui prendront en charge la mesure éducative judiciaire provisoire censée éclairer le juge des enfants sur la réponse éducative ou répressive à apporter au mineur 9 mois après l'avoir déclaré coupable. Pourrait-on supporter que cette décision se prenne sans retour de la vision des services éducatifs de la juste réponse ? Il va de soi que non. Il serait tout aussi insupportable que la réponse ne puisse être éducative faute d'avoir pu être éclairée et préparée par la PJJ, ce qui reviendrait à annihiler la réalité du principe de primauté de l'éducatif sur le répressif.
Mais comment donner aux services éducatifs l'assurance de remplir leur mission à effectifs constants alors qu'ils étaient en peine de pouvoir le faire sans contrainte de temps, à l'heure de l'instruction du juge des enfants aujourd'hui disparue ?

B. (…) Comme pour la victime

Le jugement sur la culpabilité statue sur la responsabilité civile des parents à travers l'action civile, permettant ainsi à la victime d'être

indemnisée dès ce premier stade de la procédure. Il en ressort que, non seulement l'indemnisation est plus rapide, mais en outre, lorsque le travail éducatif avec le mineur et sa famille est basé sur une responsabilité pénale et civile bien établie, il semble alors plus efficace. Au-delà de ce changement de paradigme du régime de responsabilité civile du parent qui semble basculer d'une responsabilité sans faute à celle d'une responsabilité civile pour faute du mineur selon Pascal OUDOT offrant la conclusion que le mineur est plutôt ressenti aujourd'hui comme un risque pour les parents qu'une chance, à la différence de la vision qu'en avait le législateur en 1945, à l'heure de la reconstruction de la France meurtrie par deux guerres indélébiles, est né un paradoxe dans la recherche, via la césure, d'une réelle protection des victimes. D'abord, parce que la complexité d'une indemnisation civile nécessite plus de dix jours pour mettre un dossier en état. De plus, même si le texte dispose que la partie civile peut être présente lors de l'audience de sanction[18], il y a fort à parier, qu'une fois indemnisée, sauf à ce que le procès pénal ait une vocation cathartique lorsqu'il vient sanctionner une infraction traumatique, la victime ne comparaîtra plus devant le juge. Et d'ailleurs, son indemnisation ayant vidé l'action civile de son objet, on imagine mal comment la juridiction de jugement pourrait bien prendre en compte l'avis de la victime sur ce dernier volet de l'action publique qu'est la définition de la peine pour la déterminer. Et pourtant, n'est-il pas de tradition que la victime puisse s'exprimer sur l'action publique même si elle n'est pas tranchée en son nom ?
Enfin, du point de vue du mineur, il est légitime de s'interroger sur la perception qu'il peut bien avoir de la gravité du dommage causé à la victime alors qu'à ce stade de la procédure on ne lui a pas encore révélé la gravité des faits qu'il a commis puisqu'ils sont contenus en germe dans la définition de la peine et pas dans la reconnaissance de sa culpabilité pénale[19].

Mais fort heureusement, le législateur n'a pas fondé tous ses espoirs d'amélioration du système sur sa rapidité et l'efficience est recherchée ailleurs.

---

[18] [18] CJPM, art. L. 521-24.
[19] CP, art. 132-24.

II. Une nouvelle réponse plus efficiente

Cette efficacité tient aussi à un approfondissement de la prise en compte de l'environnement du mineur, de sa personnalité à tous les stades de la procédure pénale (A), et également à une simplification procédurale, comme à une préservation de l'intégrité du mineur durant la procédure (B).

A. (…) Passant par une étude du mineur et de son entourage :

1) La présomption de non-discernement :

Le discernement consiste dans la compréhension de la portée de ses actes par le mineur ou plus trivialement, à distinguer le bien du mal. Le mineur capable de discernement est défini dans l'article L. 11-1 du Code de justice pénale des mineurs comme « *le mineur qui a compris et voulu son acte et qui est apte à comprendre le sens de la procédure pénale dont il fait l'objet* », la deuxième composante de la conscience attendue de l'enfant ne manquant pas de surprendre là où elle est déjà pénible à appréhender pour les adultes confrontés au geste délictuel ou criminel.
Il est de ce fait de principe que les mineurs ne sont pénalement responsables de leurs actes que s'ils sont dotés de discernement[20]. À l'aune de cette définition, les mineurs âgés de moins de 13 ans sont désormais présumés être dépourvus de discernement.
Il s'agit d'une présomption simple donc réfragable et, pour la renverser, le magistrat continue à en être le seul appréciateur *in concreto*, devant s'appuyer sur un faisceau d'éléments parmi lesquels figurent les déclarations du mineur, les déclarations de son entourage familial ou scolaire, les circonstances dans lesquelles les faits ont été commis, les éléments de l'enquête, une expertise ou un examen psychiatrique ou psychologique du mineur[21]. Seul le juge apprécie cette question, le service de la PJJ n'ayant pas à évaluer la capacité de discernement du mineur dans le cadre du recueil de renseignements socio-éducatifs (RRSE).
Cette recherche du discernement dans la justice répressive de l'enfant a au moins le mérite d'exister. Son pendant est au demeurant

---

[20] Article 122-8 du Code pénal.
[21] CJPM, art. R. 11-1.

particulièrement flou dans la justice civile pour l'enfant ou familiale et, à cet égard comme à d'autres, ceci militerait en faveur de l'élaboration d'un Code de l'enfance dont les contours iraient bien au-delà de sa sphère répressive.
S'il n'y a pas de discernement, le ministère public ne met pas en mouvement l'action publique tant que la présomption n'a pas été renversée et aucune mesure alternative aux poursuites n'est possible.
Au stade du jugement, si le juge des enfants pense que les éléments ne permettent pas de renverser la présomption de non-discernement, il prend un jugement d'irresponsabilité pénale et statue sur l'action civile qui survit. S'il estime ne pas avoir assez d'éléments, il peut renvoyer l'examen de l'affaire dans un délai de trois mois afin de réaliser une expertise.

2) L'information et la responsabilisation parentale :

À l'instar du droit de la protection de l'enfance qui a déplacé le curseur de la figure parentale vers la figure de l'enfant victime pour qu'il cesse d'être l'objet du conflit parental pour enfin devenir un sujet de droit à part entière, le législateur a voulu se démarquer de l'ordonnance du 2 février 1945 en redonnant une place centrale à certains absents du procès pénal du mineur dans son intérêt, soit parce qu'ils n'étaient pas systématiquement convoqués et/ou entendus par le juge, soit parce qu'ils poursuivaient jusque devant les tribunaux une certaine forme de délaissement de l'enfant ; délaissement décrié par le pouvoir politique dans un contexte où l'on songe régulièrement à sanctionner les parents dévoyés par la suppression des allocations familiales.
Ce souci est tel que l'on voit surgir sur la scène de l'environnement familial intéressé à la procédure du mineur un nouveau protagoniste, « *l'adulte approprié* ». Ce dernier intervient au sens de l'article L. 311-1 in fine du Code de la justice pénale des mineurs, « *lorsque l'information des représentants légaux ou l'accompagnement du mineur par ces derniers n'est pas possible ou n'est pas souhaitable* ».
Il a pour mission de :
« *1° Recevoir l'information relative aux différentes mesures prononcées à l'égard du mineur et des droits qui lui sont notifiés ;*
2° L'accompagner lors des audiences et le cas échant, lors de ses auditions ou interrogatoires si l'autorité qui procède à cet acte estime qu'il est dans l'intérêt supérieur de l'enfant d'être accompagné et que

la présence de ces personnes ne portera pas préjudice à la procédure »[22].

3) Une mesure éducative judiciaire unique :

Le législateur a mis un terme à la multiplicité de dispositifs existants créés au gré des réformes successives de l'ordonnance du 2 février 1945. Voit ainsi le jour une mesure éducative judiciaire unique pouvant comporter différents modules cadrant les modalités du travail éducatif via le module d'insertion axé sur la scolarisation et la formation professionnelle du mineur, le placement (en foyer, famille d'accueil, en internat scolaire), la santé du mineur (prise en charge médicale), ou encore la réparation de l'infraction commise (soit directement envers la victime avec son accord, soit indirectement à l'endroit de la société). Si ce changement de physionomie a l'indéniable mérite d'être plus lisible pour le mineur par une présentation et une sémantique simplifiées, on ne peut, sans une certaine ironie, se demander si les multiples modules de déclinaison de la mesure éducative judiciaire unique, ne sont pas en réalité une autre appellation des anciennes mesures disparues dont les objets étaient tous différents. À l'exception peut-être de la plus grande latitude d'action laissée aux services de la PJJ du fait de la généralité du mandat donné par le juge dans une telle mesure générale, force est de constater que la forme change, mais le sens et le cœur du travail éducatif demeure invariablement le même dans le nouveau module de réparation décliné au sein de cette mesure éducative judiciaire unique que dans l'ancienne mesure de réparation.
Une telle mesure peut évoluer dans le temps sous le contrôle du juge des enfants au gré des difficultés rencontrées par le mineur ou de ses évolutions favorables. Elle peut au demeurant se prolonger jusqu'aux 21 ans de l'adolescent en cas de nécessité.

B. (...) Et par une préservation du mineur pendant la procédure :

Le régime de la détention provisoire du mineur est aujourd'hui focalisé sur sa limitation aux cas graves et aux mineurs réitérants ou récidivistes. Cette mesure de sûreté ne reste finalement possible que :

[22] CJPM, art. L. 311-3.

-En cas de crime ou de délit grave ou complexe justifiant l'ouverture d'une information judiciaire, selon des critères inchangés depuis l'ordonnance du 2 février 1945 ;
-Ab initio uniquement dans l'hypothèse où le tribunal pour enfants est saisi aux fins de jugement en audience unique ;
-En cas de violation d'un contrôle judiciaire ou d'une assignation à résidence sous surveillance électronique précédemment ordonnée, mais au terme de conditions de révocation de ces mesures de sûreté mieux encadrées, puisque les magistrats doivent maintenant constater la violation grave ou répétée des obligations et interdictions imposées et uniquement lorsque le rappel ou l'aggravation de ces obligations n'a pas suffi[23], tant et si bien qu'une simple fugue de quelques heures d'un centre éducatif fermé ne peut plus à elle seule motiver une incarcération.

Par ailleurs, la détention provisoire est levée au plus vite lorsqu'elle est ordonnée. C'est pourquoi notamment, lorsque le mineur est âgé d'au moins 16 ans et que le tribunal pour enfants est saisi aux fins d'audience unique, l'audience de jugement doit avoir lieu dans le délai d'un mois maximum après le placement en détention provisoire, faute de quoi il est immédiatement remis en liberté d'office. Il s'agit là sans doute du seul délai impératif du Code de justice pénale des mineurs dont le couperet de la sanction est inéluctable pour les instances judiciaires manquant de célérité.

Conclusion

Ce colloque nous amènera à voir que le prisme de la justice pénale des mineurs a changé. Nous verrons tout de suite, notamment avec Mme TALEB-KARLSON et la Procureure PAIN que ce changement est parfois conscient, le législateur ayant souhaité faire du ministère public le principal architecte de cette justice, les autres acteurs étant, certes des spécialistes de ce justiciable si particulier, mais tellement tributaires en définitive de l'orientation donnée par le parquet à la procédure. Nous verrons aussi dans la deuxième partie de la matinée aux côtés du Pr LAZERGES, du Président GEBLER et de la Vice-Présidente GADIOLLET, que le résultat est moins en accord avec son souhait et que l'économie globale du texte est difficile à définir tant les principes déployés ne

[23] CJPM, art. L. 334-4 et L. 334-5.

paraissent pas tous portés par les mêmes objectifs. Les inquiétudes et/ou les constats qui seront dressés par l'ensemble des acteurs judiciaires de terrain et les services éducatifs, qui interviendront à la reprise de nos travaux en tout début d'après-midi, accréditeront le constat de ce succès en demi-teinte.

Enfin, mon avant-propos sur les généralités de cette réforme, comme ceux d'autres intervenants qui me succèderont, ne manqueront pas de vous convaincre que, si le Code de justice pénale des mineurs a été conçu comme une révolution, en beaucoup de points le vernis cosmétique appliqué en plusieurs couches n'a pas fondamentalement transformé la matière. De même qu'à l'inverse, et sans me risquer à des parallèles audacieux et disproportionnés avec le droit d'exception colonial en Algérie théorisé par le Professeur LE COUR GRANDMAISON[24], telle la créature échappant à son maître, le texte de la loi a engendré des « monstres juridiques » qui viennent bouleverser l'ordonnancement juridique, tout particulièrement les principes directeurs du procès ou le régime de la responsabilité civile, comme nous amènera à y réfléchir M. Pascal OUDOT en toute fin de ce colloque, au travers de la césure du procès, mais, sans doute à l'insu de la volonté du législateur.

Pour ma part, si j'exècre à résumer systématiquement les solutions à apporter aux difficultés de la Justice à de simples questions de moyens et de financement, je partage aujourd'hui cette vision défendue par Mme la Professeure Christine LAZERGES, que je m'honore de voir à nos côtés ce matin, à travers ses propos rappelés par la députée Elsa FAUCILLON lors des débats parlementaires en ces termes : « *la mise en œuvre d'une réforme suppose une accélération magistrale des moyens donnés à la justice des mineurs*» [25]. Après tout, dans l'Art poétique, le poète Nicolas Boileau déclamait « *Ce que l'on conçoit bien s'énonce clairement, Et les mots pour le dire arrivent aisément* ». Je n'en dirais donc pas plus. Je vous remercie de votre attention.

---

[24] O. LE COUR GRANDMAISON, « *De l'indigénat - Anatomie d'un « monstre » juridique : le droit colonial en Algérie et dans l'Empire français* », éd. La Découverte, 2010.

[25] Discussion du projet de loi ratifiant l'ordonnance no 2019-950 du 11 septembre 2019 portant partie législative du code de la justice pénale des mineurs (nos 2367, 3637), 3e séance du jeudi 10 décembre 2020, session ordinaire de la XVe législature.

UNE NOUVELLE ARCHITECTURE PROCÉDURALE

Le parquetier des mineurs : nouvelle architecture de la délinquance des mineurs

Hortense PAIN
Substitute des mineurs au Parquet de Toulon

Le Code de la justice pénale des mineurs est entré en vigueur le 30 septembre dernier. Une réforme inédite alors que les précédentes dispositions relatives à la délinquance des mineurs dataient de l'ordonnance du 2 février 1945.

Deux mois après l'entrée en vigueur de cette réforme, le recul n'est pas encore suffisant pour tirer le bilan du CJPM. Cependant l'esprit de ce dernier est déjà perceptible, notamment au regard des nouvelles attributions dont hérite le Procureur de la République.

Si le CJPM en fait ainsi le nouvel architecte de la gestion de la délinquance des mineurs, lui qui pilote l'audiencement des dossiers et se fait désormais présenter les mineurs déférés, reste que cette nouvelle procédure peut paraître beaucoup plus lourde. Quelle plus-value pourra-t-on dès lors en tirer ?

1) Le Parquetier audiencier

Le procureur de la République saisit par principe le JE dans le cadre de la procédure de mise à l'épreuve éducative aux fins de jugement sur la culpabilité (article L423-4 CJPM) ; lorsque l'affaire est visiblement complexe, le Parquetier peut toutefois décider de saisir le TPE qui statuera dans ce cas uniquement sur la culpabilité.

Cette saisine est établie par la voie d'une COPJ ou d'un défèrement du mineur. La date d'audience doit être comprise entre 10 jours et trois mois. À l'issue du débat devant lui, et statuant par ordonnance motivée, le juge des enfants peut décider :

- dans tous les cas, d'une mesure éducative judiciaire provisoire (MEJP et/ou une Mesure Judiciaire d'Investigation Educative),

- pour le mineur âgé d'au moins 13 ans, d'un placement sous CJ dans les conditions prévues à l'article L 331-1 CJPM,

- pour le mineur âgé d'au moins 16 ans, d'un placement sous ARSE dans les conditions prévues à l'article L 333-1 (peine encourue supérieure ou égale à 3 ans).

La présence du Ministère public est obligatoire devant le JE en cas de réquisitions de CJ pour mineur < 16 ans, d'ARSE.

Par exception, le PR peut également saisir le TPE aux fins de jugement (article L 423-4 al 2), si les conditions suivantes sont réunies :

- mineur âgé d'au moins 13 ans,

+ peine encourue > ou = 3 ans (si 16 ans révolus) ou > ou = 5 ans (si moins de 16 ans).

+ personnalité du mineur ou gravité ou complexité des faits le justifie.

Le mineur doit ainsi avoir fait l'objet d'une mesure éducative, d'une MJIE, d'une mesure de sûreté, d'une déclaration de culpabilité ou d'une peine prononcée dans le cadre d'une autre procédure. Cette procédure antérieure doit avoir donné lieu à un rapport datant de moins d'1 an, versé au dossier sur réquisitions du Ministère public (art L423-4 et suivants du CJPM). La condition d'antécédent n'est pas nécessaire lorsque le mineur est poursuivi pour le délit de refus de se soumettre aux opérations de prélèvement ordonnées par les OPJ (dernier alinéa de l'article 55-1 du CPP).

+ déferement obligatoire du mineur et passage devant le Procureur.

Le mineur détenu doit être jugé dans le mois qui suit son déferement.

Sur le plan numérique, le greffe du TTR Mineurs dispose d'un tableau d'audiencement en libre accès (ou à défaut du logiciel PILOT pour les juridictions équipées), qui lui permet d'inscrire les procédures fixées. Ce tableau est ensuite consulté par le greffe du JE.

<u>Nouveauté : le regroupement des procédures :</u>

Lorsqu'un mineur est poursuivi en audience unique, le JE saisi aux fins de prononcer une MEJP, CJ ou ARSE ou avisé de la saisine du juge JLD, qui constate qu'une mise à l'épreuve éducative est en cours, peut, **d'office ou sur réquisitions du procureur de la République**, faire remettre au mineur et à ses représentants légaux une convocation à comparaître devant le TPE à la date d'audience notifiée par le parquet, pour voir statuer sur l'ensemble des procédures ayant donné lieu à une déclaration de culpabilité au cours de la période de mise à l'épreuve éducative.

2) L'alignement de la procédure sur celle des majeurs : le déferement du mineur par le Procureur

Le parquet peut décider d'un déferement du mineur dans **2 hypothèses** (articles L 423-6 et L 423-7 2°) :

- Il souhaite le prononcé immédiat par le JE d'une **mesure éducative judiciaire provisoire** (MEJP) **ou d'une mesure de sûreté** dans l'attente de l'audience de culpabilité ;

- Il souhaite saisir le TPE aux fins **d'audience unique** afin de pouvoir juger un mineur sur la culpabilité et sur la sanction à la même audience. Des mesures éducatives ou des mesures de sûreté peuvent être requises. C'est l'unique procédure permettant de prendre des réquisitions de DP (voir annexe 6 sur les conditions).

Le déferement doit obligatoirement avoir lieu en présence de l'avocat, de l'éducateur PJJ de permanence et des représentants légaux du mineur.

L'élaboration d'un Recueil de Renseignements sociaux Educatifs (RRSE) est obligatoire.

3) Juger plus vite...et juger mieux ?

Le cœur de la réforme pénale des mineurs réside dans la mise à l'épreuve éducative et d'une cadence bien fixée par les textes entre les différentes phases de la procédure. Le mineur est ainsi censé être jugé dans les 9 mois qui suivent la saisine de la juridiction pour mineurs. Il est vrai que certaines juridictions rencontraient des difficultés à pouvoir juger dans un délai raisonnable leurs mineurs délinquants, les faits pouvant parfois dater de plusieurs années en arrière. Certains devenaient majeurs et il était trop tard pour débuter une prise en charge éducative.

Faire du Procureur le maître de l'audiencement a aussi pour objectif d'assurer une dynamique et une cohérence dans les orientations qui sont faites.

Pour autant la césure de la procédure, consistant à distinguer audience de culpabilité et audience de sanction questionne. D'abord, le mineur est susceptible d'être présenté à trois juges des enfants différents (le JE de permanence si déferement, le JE statuant sur la culpabilité puis le JE statuant sur la peine). Il devient difficile pour les collègues du siège d'avoir une bonne connaissance de la personnalité d'un mineur, qu'ils ne suivent plus particulièrement au pénal. De même pour le Parquetier, qui peut changer entre l'audience de culpabilité et l'audience de jugement. Ensuite, lorsqu'un mineur est déféré et présenté aux fins de mesures de sûreté (CJ et ARSE), comment lui expliquer qu'il sera prononcé à son encontre ce type de mesure, alors même que sa culpabilité n'est pas encore tranchée ? L'ancienne procédure de mise en examen donnait au moins une cohérence sur ce point.

Enfin, la présentation obligatoire du mineur devant le Procureur en cas de déferement, contribue à l'alourdissement de la procédure. Il convient de rappeler que le Ministère public était déjà présent aux débats devant le JE en cas de CJ pour les moins de 16 ans et en cas de débat sur la détention provisoire devant le JE/JLD, sous l'ordonnance de 1945. De ce fait il pouvait déjà prendre des réquisitions orales devant le mineur et lui expliquer les enjeux.

Si la procédure CJPM s'est complexifiée pour les services de justice, elle s'est aussi complexifiée pour les mineurs, qui devant le Procureur ont d'importantes difficultés à comprendre comment va se dérouler la procédure.

Reste que la réforme n'est entrée en vigueur qu'au mois d'octobre dernier et qu'un recul sera nécessaire pour en tirer toutes les conclusions. Il conviendra par ailleurs de saluer un objectif majeur du CJPM, celui de juger un mineur moins d'un an après la commission d'une infraction.

La spécialisation des acteurs judiciaires et des procédures : un objectif à géométrie variable ?

Akila TALEB-KARLSSON
Vice-Doyenne aux relations internationales
Faculté de droit de Toulon

Le principe de spécialisation des acteurs et des procédures dont l'origine remonte à une loi de 1912 avant d'être repris dans l'ordonnance du 2 février 1945 relative à l'enfance délinquante[1], constitue aux côtés de deux autres principes que sont l'atténuation de la responsabilité pénale des mineurs et la primauté de l'éducatif sur le répressif[2], un principe fondamental reconnu par les lois de la République depuis le début du XXe siècle. C'est en effet ce que relève le Conseil constitutionnel dans sa décision du 29 août 2002 relative à la loi d'orientation et de programmation pour la justice[3]. C'est également la position de la Cour européenne des droits de l'homme qui, au sujet de la procédure applicable au requérant en raison notamment de sa minorité à l'époque des faits, juge qu'il est essentiel que ce dernier soit jugé par une juridiction spécialisée[4].

Mais ces dernières années, le principe de spécialisation des acteurs et des procédures a parfois été malmené notamment à la suite de certaines réformes qui ont conduit à une déspécialisation de certaines règles

---

[1] L. du 22 juillet 1912 sur les tribunaux pour enfants et adolescents et sur la liberté surveillée. Sur ce point, v. Ph. Bonfils et A. Gouttenoire, *Droit des mineurs*, Dalloz, coll. Précis, 3e édition, 2021, p. 1246, n°2115 ; ord. n° 45-174, *JORF* du 4 février 1945. Ce principe se dégageait alors de plusieurs dispositions faisant référence aux juridictions et autorités spécialisées intervenant dans le cadre de la procédure pour mineurs.

[2] Le principe de l'atténuation de la responsabilité pénale des mineurs encore appelée l'« excuse de minorité » suppose que la répression du mineur délinquant soit adaptée en fonction de son âge et que la peine encourue puisse être réduite le cas échéant. Il est intrinsèquement lié au principe de la primauté de l'éducatif sur le répressif garanti tant en droit substantiel qu'en droit processuel et qui implique notamment que la priorité soit donnée à la dimension éducative en vue de réaliser le redressement moral du mineur. Ces deux principes sont désormais consacrés aux articles L11-1 et suivants du Code de la justice des mineurs.

[3] Cons. Const., Décision n° 2002-461 DC, spéc. § 26 : « Considérant que l'atténuation de la responsabilité pénale des mineurs en fonction de l'âge, comme la nécessité de rechercher le relèvement éducatif et moral des enfants délinquants par des mesures adaptées à leur âge et à leur personnalité, prononcées par une juridiction spécialisée ou selon des procédures appropriées, ont été constamment reconnues par les lois de la République depuis le début du vingtième siècle ».

[4] CrEDH, *SC c Royaume-Uni*, req. n°60958/00, 15 juin 2004, spéc. §35.

perçues comme un rapprochement du régime du mineur à celui du majeur délinquant et, en conséquence, à un durcissement du régime applicable au mineur délinquant. La loi du 10 août 2011 sur la participation des citoyens au fonctionnement de la justice pénale et le jugement des mineurs qui a, un temps, institué les tribunaux correctionnels pour mineurs en atteste[5]. Pour autant, la consécration de ce principe ne fait aujourd'hui aucun doute puisque le chapitre 2 du titre préliminaire du Code de la justice pénale des mineurs (CJPM) et plus précisément l'article L12-1 alinéa premier dispose que « [l]es crimes, délits et contraventions de la cinquième classe reprochés à un mineur sont instruits et jugés par des juridictions et chambres spécialisées ou spécialement désignées ou composées, devant lesquelles les procédures sont adaptées »[6].
Concrètement, la mise en œuvre du principe de spécialisation des acteurs et des procédures suppose, à tous les stades du processus, l'intervention de professionnels et de magistrats spécialisés c'est-à-dire l'intervention de personnes ayant reçu une formation spécifique dans le domaine de la justice pénale des mineurs. Cette spécialisation suppose également des règles procédurales spéciales, c'est-à-dire dérogatoires du droit commun des majeurs. Lorsque cette spécialisation n'est pas possible et, semble-t-il, de manière accessoire, la procédure doit être adaptée à la minorité du délinquant. C'est en effet ce que relèvent certains auteurs qui soulignent l'« alternative : spécialisation des juridictions ou adaptation de la procédure »[7] et qui expliquerait le caractère non absolu du principe de spécialisation des juridictions.

Ainsi, malgré la consécration de ce principe de spécialisation des acteurs et de la procédure, l'on constate, dans cette nouvelle justice pénale des mineurs, l'existence de certaines règles dont on pourrait penser qu'elles induisent une déspécialisation du régime applicable au mineur. Même si au fil des réformes, le recours à cette non-spécialisation est de moins en moins fréquent, l'on peut, dans ce contexte, légitimement s'interroger : la spécialisation des acteurs

---

[5] L. n°2011-939, *JORF* n° 0185, 11 août 2011; Cons. const., n° 2011-635 DC, 4 août 2011, loi sur la participation des citoyens au fonctionnement de la justice pénale et le jugement des mineurs, https://www.conseil-constitutionnel.fr/decision

[6] Modifié par l'article 5 de la loi n°2021-218 du 26 février 2021 ratifiant l'ordonnance n° 2019-950 du 11 septembre 2019 portant partie législative du code de la justice pénale des mineurs, *JORF* n°0050, 27 février 2021.

[7] Ph. Bonfils et A. Gouttenoire, *Droit des mineurs*, op.cit., p. 1247.

judiciaires et des procédures serait-elle un objectif à géométrie variable ?

Pour tenter de répondre à cette question, il convient de présenter la manière dont cette spécialisation se manifeste. En premier lieu, elle se manifeste par une compétence spéciale qui est le fruit d'une formation spécifique (**I**). En second lieu, elle se manifeste par un nouveau modèle procédural qui induit une nouvelle répartition des missions des acteurs judiciaires au service des mineurs (**II**).

I. La spécialisation des acteurs : une formation spécifique au service des mineurs

Cette formation spécifique est présente à tous les stades de la procédure (**A**). Mais quelques précisions sont nécessaires s'agissant de l'information judiciaire (**B**).

A. La spécialisation des acteurs à tous les stades de la procédure

Cette spécialisation est perceptible au cours de la phase préparatoire, au cours de la phase décisoire et au cours de la phase exécutoire. D'abord, au cours de la phase préparatoire, interviennent des enquêteurs, de plus en plus spécialisés[8], agissant sous le contrôle de l'autorité judiciaire compétente : le parquet des mineurs. L'article L12-2 du CJPM dispose en effet que « l'action publique relative à des crimes, délits ou contraventions de la cinquième classe reprochés à un mineur est exercée par des magistrats désignés chargés spécialement des affaires concernant les mineurs. Les fonctions du ministère public sont remplies par le procureur général ou un magistrat du ministère public spécialement chargé des affaires concernant les mineurs ». À la suite de l'adoption du CJPM, c'est moins le principe en lui-même que sa consécration qui est inédite, car cette spécialisation des parquetiers

[8] M. Douchy-Oudot et L. Sebag, *Guide des procédures relatives aux mineurs*, 2022-2023, LexisNexis, p. 321, n°1066 : «[d]e plus en plus de services de police et de gendarmerie s'attachent à disposer d'enquêteurs opérant au sein de cellules spécialisées », par exemple la brigade de la protection des familles ou ex-brigade de protection des mineurs ou encore la brigade de prévention de la délinquance juvénile. V. également, Ph. Bonfils et A. Gouttenoire, *Droit des mineurs*, op.cit., p. 1231, n°2099.

existait déjà sous l'empire de l'ordonnance de 1945 avec dans chaque juridiction de premier et de second degré, un substitut du procureur et un substitut général du procureur en charge des mineurs[9]. Le CJPM fait donc de cette spécialisation du ministère public un principe général de la justice pénale des mineurs.

Toutefois, il est possible de déroger à cette règle en cas d'urgence ou d'empêchement. C'est ce que prévoit l'article L.211-1 du CJPM qui dispose que dans ces situations, « les magistrats du ministère public spécialement désignés peuvent être substitués dans leurs attributions par tout magistrat du parquet au sein duquel ils exercent leurs fonctions ». Ce sera le cas par exemple si le mineur est mis en cause dans une procédure impliquant un ou plusieurs majeurs. Le procureur de la République devra alors constituer un dossier spécial concernant le mineur et le transmettre au procureur spécialisé c'est-à-dire au procureur de la République près le tribunal judiciaire dans le ressort duquel un tribunal pour enfants à son siège et qui sera, en conséquence, compétent. Plus généralement, en vertu de l'article 43 du code de procédure pénale, tout procureur peut être amené à réaliser tous les actes urgents d'enquête et de poursuite si cela s'avère nécessaire avant de se dessaisir au profit du procureur spécialisé dans le plus bref délai[10]. De même, en raison du principe de l'indivisibilité du parquet, à l'audience, tout procureur peut au besoin remplacer le procureur spécialisé sans qu'une nullité soit encourue comme la Cour de cassation a pu le juger à l'époque de l'ordonnance relative à l'enfance délinquante[11]. Enfin, s'il s'agit d'une infraction dont la poursuite est réservée à l'administration, seul le procureur de la République pourra exercer la poursuite contre le mineur sur plainte préalable de l'administration intéressée[12].

Par ailleurs, si une information judiciaire est ouverte, le CJPM énumère les juridictions compétentes. Témoignent donc de cette spécialisation la présence du juge d'instruction et du juge des libertés et de la détention (JLD) chargés spécialement des affaires concernant les mineurs ainsi

---

[9] V. par ex. art. L.211-2 CJPM.

[10] Idem.

[11] Cass. crim. 29 oct. 1957, Bull. crim. n°680 *in* Ph. Bonfils et A. Gouttenoire, *Droit des mineurs*, op.cit., p. 1248. On peut, en effet, supposer que cette règle perdure avec l'adoption du CJPM.

[12] Art. L.211- 3 CJPM.

que la chambre de l'instruction spécialement composée en matière d'affaires concernant les mineurs et au sein de laquelle siège le conseiller délégué à la protection de l'enfance. La spécialisation du JLD est d'ailleurs une nouveauté issue de la réforme comme le prévoit la loi de ratification qui l'inscrit à la liste des juridictions spécifiques aux mineurs[13]. Alors que depuis son institution par la loi du 15 juin 2000[14] et sans être spécialisé, il exerçait une compétence quasi exclusive s'agissant du contentieux de la détention provisoire des délinquants majeurs ou mineurs, désormais et malgré la consécration de cette spécialisation, il partage sa compétence avec le juge des enfants[15]. Ainsi, « [d]ans chaque tribunal judiciaire dans le ressort duquel siège un tribunal pour enfants, un ou plusieurs juges des libertés et de la détention spécialement chargés des affaires concernant les mineurs sont désignés par le premier président de la cour d'appel compétente »[16].

Ensuite, au cours des phases décisoire et exécutoire, le juge des enfants et le tribunal pour enfants d'une part, la cour d'assises des mineurs et la chambre spéciale des mineurs de la cour d'appel d'autre part sans oublier la protection judiciaire de la jeunesse (PJJ) dont l'existence est d'ailleurs consacrée à l'article L241-1 du CJPM, attestent de la mise en œuvre concrète du principe cardinal que représente le principe de spécialisation des juridictions et des acteurs de la justice pénale des mineurs et de l'adaptation des juridictions de droit commun. En effet, en fonction de l'âge, de la gravité de l'infraction commise, seront tantôt compétentes des juridictions spécialisées, tantôt la procédure sera adaptée. À cela il faut ajouter l'intervention de la PJJ en charge de l'exécution des décisions prises en application du CJPM. Le CJPM consacre, sur ce point, la transmission d'informations relatives au mineur par la PJJ, soumise au secret professionnel, aux services de la protection de l'enfance et aux établissements fréquentés par l'intéressé « à condition que ces informations soient strictement nécessaires à sa prise en charge, à son suivi judiciaire ou à la continuité de son parcours »[17].

---

[13] Art. L.12-1 CJPM, loi n° 2021-218 du 26 février 2021, op.cit.

[14] L. n° 2000-516 renforçant la protection de la présomption d'innocence et les droits des victimes, *JORF* n° 0138, 16 juin 2000.

[15] Art. 423-9 CPJM, Ph. Bonfils et A. Gouttenoire, *Droit des mineurs*, op.cit., p. 1220, n°2091.

[16] Art. D 231-1 CJPM

[17] Art. L241-1, L241-2 CJPM.

Malgré la généralisation de cette spécialisation, il convient de revenir sur l'étude de l'instruction préparatoire, car des changements notables sont à souligner à ce stade procédural.

B. Le cas de l'instruction : le transfert de compétence au détriment du juge des enfants

Il n'est pas inutile de rappeler qu'avant la réforme, la phase de l'instruction occupait une place relativement importante puisqu'elle constituait le schéma procédural normal de mise en état des affaires pénales s'agissant des mineurs délinquants. Comme pour les majeurs, elle permettait de mener des investigations dans un souci de manifestation de la vérité, d'identifier et de rechercher les auteurs des infractions. Elle permettait également de recueillir les éléments relatifs à la personnalité du mineur pour pouvoir prendre, si nécessaire, des mesures d'urgence. Dans le cadre de cette information judiciaire, le juge d'instruction était compétent de même que le juge des enfants, ces deux magistrats ayant une compétence partagée en matière correctionnelle[18]. Le juge des enfants pouvait donc instruire puis juger la même affaire en matière correctionnelle soit seul en audience de juge unique soit au sein du tribunal pour enfants, en formation collégiale, qu'il présidait. Ce cumul des fonctions posait problème. Nous y reviendrons.

Avec l'adoption du CJPM, le juge des enfants perd sa compétence dans le cadre de l'instruction au profit du juge d'instruction qui désormais est le seul à intervenir à ce stade procédural à moins qu'une mesure privative de liberté soit envisagée. La suppression de l'instruction devant le juge des enfants, dont la durée était devenue aléatoire, est voulue dans un souci d'accélération de la procédure[19]. Mais cette modification peut être perçue comme une forme de « déspécialisation » susceptible de rapprocher le régime applicable aux mineurs à celui des majeurs, sans adaptation. En effet, ce sont notamment ces craintes qui ont été exprimées par le passé lorsque les réformes de la justice pénale des mineurs ont eu pour objet d'aligner le traitement des mineurs à celui des majeurs. Ce fut le cas par exemple lors de la création du tribunal

[18] V. notamment ord. n° ord. n° 45-174, 2 février 145, art. 5 et 9 (abrogés) ; Ph. Bonfils et A. Gouttenoire, *Droit des mineurs*, op.cit., p. 1292.
[19] C. Renault-Brahinsky, *Justice pénale des mineurs*, Lextenso, Gualino 2021, p.11.

correctionnel pour mineur par la loi de 2011[20], juridiction qui sera d'ailleurs supprimée par la loi dite « J21 » du 18 novembre 2016[21]. Ce fut également le cas lors de l'introduction des peines dites plancher aux mineurs récidivistes par la loi du 10 août 2007[22], peines qui seront d'ailleurs supprimées par la loi du 15 août 2014[23]. Ce fut enfin le cas de l'extension des situations dans lesquelles l'excuse de minorité peut être écartée, pour les mineurs de 16 à18 ans, par la loi du 5 mars 2007[24].

Du reste, l'institution de règles ou l'existence d'un régime juridique conduisant à une forme de déspécialisation fait aussi souvent craindre l'absence de réglementation protectrice suffisante du mineur et c'est cet argument qui est notamment invoqué par les requérants à l'occasion de questions prioritaires de constitutionnalité et qui conduit, si ce n'est à des déclarations d'inconstitutionnalité, du moins à des réserves d'interprétation, par le Conseil Constitutionnel. Rappelons, à ce titre, que le défaut de garanties spécifiques – et donc de réglementation suffisamment protectrice – du mineur en audition libre, par l'ordonnance du 2 février 1945 comme par le droit commun en vigueur à l'époque de la saisine du Conseil – c'est-à-dire l'article 61-1 du code de procédure pénale tel qu'issu de la loi du 27 mai 2014[25] –avait conduit à l'inconstitutionnalité de l'article 61-1 du code de procédure pénale par le Conseil constitutionnel dans sa décision du 8 février 2019[26].

Pour ces raisons, la crainte est légitime d'un durcissement voire d'une inconstitutionnalité du régime en raison d'une atteinte au principe à valeur constitutionnelle de spécialisation et qui résulterait de l'alignement constaté des régimes juridiques mineur/majeur. Néanmoins, les doutes existant sur ce point peuvent, à certains égards, être dissipés.

---

[20] L. n°2011-939, op.cit.

[21] L. n° 2016-1547 de modernisation de la justice du XXIe siècle, *JORF* n°0269, 19 nov. 2016.

[22] L. n° 2007-1198 renforçant la lutte contre la récidive des majeurs et des mineurs, *JORF* n°185, 11 août 2007.

[23] L. n° 2014-896 relative à l'individualisation des peines et renforçant l'efficacité des sanctions pénales, *JORF* n°0189, 17 août 2014.

[24] L. n° 2007-297 relative à la prévention de la délinquance, *JORF* n°0056, 7 mars 2007.

[25] L. n° 2014-535 portant transposition de la directive 2012/13/UE du Parlement européen et du Conseil, du 22 mai 2012, relative au droit à l'information dans le cadre des procédures pénales, *JORF* n°0123, 28 mai 2014.

[26] A. Taleb-Karlsson, « David contre Goliath…une décision majeure pour l'audition libre des mineurs », Obs. sous Cons. const. 8 février 2019, n° 2018-762 QPC. *AJ Pénal*, Dalloz, 2019, p. 278.

II. La spécialisation de la procédure : un modèle spécifique au service des mineurs

Les nouvelles règles qui conduisent à une adaptation plutôt qu'à une déspécialisation dans le cadre de l'instruction ne sont pas nécessairement révélatrices d'un durcissement du régime applicable au mineur, mais plutôt d'une nouvelle architecture procédurale (**A**). Toutefois, il est vrai que les conséquences que ce nouveau modèle procédural induit sur l'exercice de certains droits manquent de précision. Certains éléments restent donc en suspens (**B**).

A. La mise en place d'une nouvelle architecture procédurale

La réglementation issue du CJPM et qui retire au juge pour enfant toute compétence dans le cadre de l'instruction permet une nouvelle répartition des compétences. Sur ce point, trois remarques peuvent être formulées. Premièrement, cette nouvelle répartition des fonctions permet de résoudre le problème de cumul des fonctions qui se posait sous l'empire de l'ordonnance relative à l'enfance délinquante et qui avait donné lieu d'ailleurs à une décision d'inconstitutionnalité suivie d'une intervention législative. En effet, dans sa décision du 8 juillet 2011[27], le Conseil constitutionnel avait jugé qu'en vertu du principe d'impartialité des juridictions, le juge des enfants ayant instruit le dossier d'un mineur ne peut présider la juridiction chargée de juger ce mineur et habilitée à prononcer des peines. Le Conseil avait alors déclaré contraire à la Constitution certaines dispositions du code de l'organisation judiciaire et notamment l'article L251-3 qui permettait un tel cumul. Par la suite, le législateur de 2011 avait clarifié la situation en interdisant au juge des enfants ayant « renvoyé l'affaire devant le tribunal pour enfants (…) [de] présider cette juridiction »[28]. Dorénavant, cette interdiction s'étend au juge des enfants ayant instruit l'affaire même si, depuis l'entrée en vigueur du CJPM, cette compétence n'a plus lieu d'être. La question s'était effectivement posée à propos de la formulation de la disposition telle qu'issue de la loi du 23 mars 2019 qui en reprenant les dispositions antérieures n'avait rien indiqué au sujet du possible cumul des fonctions du juge des enfants

---

[27] Cons. Const., Décision n° 2011-147 QPC du 8 juillet 2011, M. Tarek J. [Composition du tribunal pour enfants], https://www.conseil-constitutionnel.fr

[28] L. n° 2011-1940 du 26 décembre 2011 visant à instaurer un service citoyen pour les mineurs délinquants, art. 5, *JORF* n°0299, 27 déc. 2011.

qui pouvait donc, dans le silence de la loi, instruire une affaire, sans en avoir ordonné lui-même le renvoi, et présider le tribunal pour enfants. Logiquement le Conseil constitutionnel[29] a déclaré cette disposition une nouvelle fois inconstitutionnelle[30], la loi du 24 janvier 2022 ayant permis une mise en conformité de la disposition légale avec le principe d'impartialité des juridictions[31].

Deuxièmement, avec la procédure de la césure, nombreux sont les commentateurs à souligner « la disparition programmée de l'instruction » ou du moins la raréfaction de cette phase procédurale ce qui aura nécessairement pour impact de limiter la « déspécialisation » liée à cette nouvelle répartition des compétences notamment à ce stade procédural. En effet, la nouvelle justice pénale des mineurs met en place une nouvelle architecture procédurale qui place le focus, non plus sur la phase présentencielle puisque l'instruction est supprimée devant le juge des enfants, mais sur la phase de jugement marquée par la césure du procès pénal. Concrètement il est prévu une procédure de jugement en deux temps avec, en premier lieu, une audience permettant de statuer sur la culpabilité du mineur et, en second lieu, une audience dédiée au prononcé de la sanction. Entre ces deux audiences, est instituée une période de mise à l'épreuve éducative qui permet une réponse rapide et provisoire et la prise en charge effective du mineur de même que l'indemnisation de la victime dans un délai relativement bref à compter de la commission de l'infraction pénale[32].
La réforme met donc en place « un dispositif de connaissance de la personnalité du mineur sans instruction (…). De manière plus générale, le droit des mineurs n'échappe donc plus à la disparition programmée de l'instruction, que le droit commun connaît depuis quelques années »[33].

---

[29] Décision n° 2021-893 QPC du 26 mars 2021, M. Brahim N. [Présidence du tribunal pour enfants par un juge des enfants ayant instruit l'affaire], https://www.conseil-constitutionnel.fr
[30] Sur la portée des décisions d'inconstitutionnalité, v. A. Taleb-Karlsson, « Audition libre et accès à l'assistance d'un avocat : les lacunes d'un droit à géométrie variable », obs. Cons. const., 4 déc. 2020 n°2020-870 QPC, Sté Ambulances secours rapides du bassin (Assistance de l'avocat lors d'une audition libre), *Gaz. Pal.* 2021, pp.20-23.
[31] L. n° 2022-52 relative à la responsabilité pénale et à la sécurité intérieure, *JORF* n°0020, 25 janv. 2022.
[32] Art. 521-1 et suivants CJPM.
[33] Ph. Bonfils et A. Gouttenoire, *Droit des mineurs*, op.cit., p. 1292.

Troisièmement, même s'il est encore un peu tôt au moment où nous écrivons pour dresser un premier bilan de la réforme, ce nouveau partage des compétences permettra sans doute au juge des enfants de se concentrer sur sa mission éducative, à la fois lors de l'audience de jugement au cours de laquelle il occupe une place centrale et à l'occasion du prononcé de mesures adaptées, entre autres, à la personnalité du mineur[34].

Pour ces raisons, cette suppression de l'instruction confiée au juge des enfants et la redistribution des missions qu'elle suppose ne sera pas forcément préjudiciable au mineur même si quelques éléments questionnent et méritent que l'on y porte une attention particulière.

B. L'effectivité des droits et le nouveau modèle procédural

À l'occasion de la mise en place de cette nouvelle architecture procédurale et puisque les cas d'ouverture de l'instruction risquent d'être restreints, comment s'assurer que les éléments de la personnalité du mineur puissent être convenablement recueillis ? Certes, il existe le dossier unique de personnalité[35] d'ailleurs désormais disponible au format numérique à la suite du déploiement de la procédure pénale nativement numérique,[36] mais l'accélération de la procédure voulue par cette réforme en vue d'une meilleure maîtrise des délais de procédure grâce à la césure du procès d'une part et grâce à la suppression de l'instruction devant le juge des enfants d'autre part, ne doit pas conduire à la précipitation. Sur ce point la vigilance est de mise, car trop souvent si la lenteur des procédures mises en œuvre est dénoncée, la longueur de certaines phases procédurales peut s'avérer nécessaire et indispensable à l'exercice de certains droits.

En effet, comme nous avons pu l'indiquer précédemment, par deux fois, le Conseil constitutionnel et le législateur sont intervenus pour remédier à l'atteinte portée au principe d'impartialité des juridictions en

---

[34] V. notamment art. L322-1 CJPM, M. Douchy-Oudot et L. Sebag, *Guide des procédures relatives aux mineurs*, op.cit., p. 314.

[35] Institué par la loi du 10 août 2011, il s'est révélé particulièrement utile à la suite de l'interdiction de cumul des fonctions d'instruction et de jugement par le juge des enfants en permettant d'assurer le suivi du mineur délinquant malgré l'intervention successive de deux magistrats distincts.

[36] Art. L322-8 CJPM.

interdisant au même juge des enfants un cumul de fonctions d'instruction et de jugement. Toutefois, au cœur de ces préoccupations « se pose finalement une même question : l'intérêt du mineur est-il d'être jugé par un juge qui le connaît, qui balise son parcours éducatif depuis parfois plusieurs années ou bien « d'être jugé par un juge impartial qui saura à l'heure du verdict porter un regard neuf et distancié sur les actes et le parcours personnel de l'enfant »[37] ?

Le risque serait en effet qu'au nom de cette impartialité objective, les droits du mineur en pâtissent, car si l'éducatif doit primer sur le répressif, l'accompagnement du juge doit pouvoir s'inscrire dans la durée. Du reste, même si l'alinéa 3 de l'article L251-3 du code de l'organisation judiciaire prévoit que « lorsque l'incompatibilité et le nombre de juges des enfants dans le tribunal judiciaire le justifient, la présidence du tribunal pour enfants peut être assurée par un juge des enfants d'un tribunal pour enfants sis dans le ressort de la cour d'appel et désigné par ordonnance du premier président », certains auteurs soulignent que « les différents tribunaux pour enfants ont pallié de manière hétérogène l'absence de continuité dans le suivi des mineurs qui découlait de cette [incompatibilité] , d'autant que certains tribunaux pour enfants ne comportent qu'un seul juge des enfants »[38].

Surtout, certains auteurs soulignent à la fois « une orientation de plus en plus comptable et gestionnaire »[39] de la procédure pénale applicable aux mineurs, l'impact de la raréfaction de l'instruction sur le principe du contradictoire et les droits de la défense[40] ainsi que l'importance grandissante de la phase de l'enquête conduisant à une restructuration des rôles des acteurs de la chaîne pénale. Dans ce nouveau modèle procédural, le ministère public joue un rôle central. Conformément au droit commun, il dispose de l'opportunité des poursuites et sa mission est désormais fondamentale non seulement dans sa dimension

[37] L. Gebler, « L'impartialité du juge des enfants remise en question », *AJ famille* 2011, p. 391 cité par D. Goetz, « QPC : non-conformité totale de la présidence du tribunal pour enfants par un juge des enfants ayant instruit l'affaire », Cons. const. 26 mars 2021, n° 2021-893 QPC, *D. actu.* 31 mars 2021.
[38] C. Renault-Brahinsky, *Justice pénale des mineurs*, op.cit., p.9 ; L. Gebler, « L'impartialité du juge des enfants remise en question », op.cit., p. 391.
[39] M. Léna, « CJPM : premiers retours d'expériences », *AJ Pénal* 2022, p.57.
[40] Ph. Bonfils, « Première approche du code de la justice pénale des mineurs », *AJ pénal* 2019, p. 476.

éducative, mais aussi dans sa dimension répressive[41] à l'heure où la question de l'étendue de son indépendance interpelle[42]. Dans ce contexte, force est de constater que tout en consacrant l'autonomie du droit pénal des mineurs par une spécialisation des magistrats compétents dans le traitement des procédures, le CJPM, malgré lui, met en exergue des problématiques communes au droit applicable au majeur.

Si l'on a parfois pu craindre, à juste titre, que la spécialisation des juridictions et des acteurs judiciaires ne mène à une « hyper-professionnalisation » enfermant le juge dans une routine pouvant porter préjudice aux préoccupations humaines au cœur de la justice pénale des mineurs[43], ces craintes ne doivent pas conduire à une déspécialisation en faveur d'un alignement du droit des mineurs à celui des majeurs, d'autant que le principe de spécialisation est reconnu et protégé non seulement au plan national, mais aussi au plan international. C'est ainsi par exemple que l'ensemble de règles *minima* des Nations Unies concernant l'administration de la justice pour mineurs dit « Règles de Beijing » prévoit que les États membres s'efforcent « d'établir, dans chaque pays, une série de lois, règles et dispositions expressément applicables aux délinquants juvéniles et des institutions et organismes chargés de l'administration de la justice pour mineurs et destinés : a) A répondre aux besoins propres des délinquants juvéniles, tout en protégeant leurs droits fondamentaux; b) À répondre aux besoins de la société (...) »[44]. De même, l'article 40-3 de la Convention internationale des droits de l'enfant ratifiée par la France le 2 septembre 1990 et entrée en vigueur le 6 septembre 1990, prévoit que « [l]es États parties s'efforcent de promouvoir l'adoption de lois, de procédures, la mise en place d'autorités et d'institutions spécialement conçues pour les enfants suspectés, accusés ou convaincus d'infraction

---

[41] F. Capelier, « Les droits de l'enfant à l'épreuve de la justice des mineurs », *AJ Famille* 2021, p.456.
[42] F. Molins, A. Taleb-Karlsson, « Plaidoyer pour une indépendance statutaire des magistrats du parquet » *AJ pénal*. 2021, p.23.
[43] Ph. Bonfils et A. Gouttenoire, *Droit des mineurs*, op.cit., p. 1247 ; R. Ottenhof, « La spécialisation des fonctions des juridictions en droit pénal des mineurs », *in* Mélanges A. Vitu, Cujas, 1989, p. 405.
[44] Adopté par l'Assemblée générale des Nations unies dans sa résolution 40/33 du 29 novembre 1985.

à la loi pénale »[45]. Par ailleurs, au plan européen, la CJCE a eu l'occasion, à plusieurs reprises, de se référer à la Convention internationale des droits de l'enfant[46].

La spécialisation des acteurs judiciaires et des procédures ne devrait donc pas être un objectif à géométrie variable, même si la flexibilité doit être considérée. Il faut, pour cela, que soit trouvé un équilibre même si cet exercice s'avère délicat. La notion de l'intérêt supérieur de l'enfant ou plutôt du mineur doit constituer sur ce point une référence comme le prévoit l'article préliminaire du CJPM qui dispose que « la responsabilité pénale des mineurs est mise en œuvre, en prenant en compte, dans leur intérêt supérieur, l'atténuation de cette responsabilité en fonction de leur âge et la nécessité de rechercher leur relèvement éducatif et moral par des mesures adaptées à leur âge et leur personnalité, prononcées par une juridiction spécialisée ou selon des procédures appropriées ». Pour que le principe de spécialisation des acteurs judiciaires et des procédures soit mis en œuvre de manière équilibrée, l'intérêt supérieur du mineur doit donc, en toutes circonstances, constituer le fil directeur de l'évolution de la justice pénale qui lui est dédiée.

[45] Adoptée le 20 novembre 1989 à New York par l'Assemblée générale des Nations unies et signée le 26 janvier 1990, v. M. Douchy-Oudot et L. Sebag, *Guide des procédures relatives aux mineurs*, op.cit., p. 313.
[46] Ph. Bonfils et A. Gouttenoire, *Droit des mineurs*, op.cit., p. 50.

L'APPLICATION DES MESURES ÉDUCATIVES ET DES PEINES

La privation de liberté des mineurs : une perception à géométrie variable dans le texte

Christine LAZERGES

Professeure émérite de l'Université Paris 1 Panthéon-Sorbonne, ancienne présidente de la Commission nationale consultative des droits de l'homme (CNCDH)

Les spécialistes de droit des mineurs n'ignorent pas que l'ordonnance du 2 février 1945 a subi plus de quarante réformes, des plus modestes aux plus importantes, au point que Pierre Joxe auditionné en 2018 par la Commission nationale consultative des droits de l'homme (CNCDH) dans le cadre de la préparation d'un avis sur saisine de la garde des Sceaux sur les mineurs privés de liberté, n'hésitait pas à dire : « *Il n'y a plus d'ordonnance de 1945* ». Ceci est un peu excessif, en réalité l'ordonnance était devenue difficilement lisible et correspondait de moins en moins au modèle protectionniste de 1945. Cela même justifiait de reprendre le texte.

Le nouveau code de justice pénale des mineurs (CJPM) consacre-t-il une mutation déjà ancienne ? Est-il l'expression d'une rupture ? L'est-il au regard de la privation de liberté des mineurs ? Il ne fait pas de doute que se côtoient dans le code de la justice pénale des mineurs (CJPM) des cohérences et des incohérences que nous avons eu le souci de relever dans une analyse de l'ordonnance n°2019-950 du 11 septembre 2019 portant partie législative du code de la justice pénale des mineurs[1]. Resituons la privation de liberté des mineurs dans l'économie générale du nouveau code.

La mutation insidieuse ou explicite de l'ordonnance de 1945, que personne ne nie, résulte de tensions évidentes entre la logique protectionniste, la nécessaire garantie des droits fondamentaux et la double exigence de fermeté et de rapidité revendiquée. Un consensus

---

[1] Cf. Christine Lazerges, Cohérence et incohérences dans l'ordonnance n°2019-950 du 11 septembre 2019 portant partie législative du code de la justice pénale des mineurs, RSC, n°1/2021, p.175.

existe depuis quelques années seulement sur un point : la grande ordonnance devait être réécrite. Le dernier rapport de résistance à cette réécriture fut le rapport que nous remettions au Premier ministre en 1998, Jean-Pierre Balduyck et moi-même, sous le titre « *Réponses à la délinquance des mineurs* »[2]. Les 135 propositions faites par la commission mise en place préconisaient une application effective de l'ordonnance de 1945 par une série de mesures fortes et avec les moyens afférents indispensables. Il était clair pour les rapporteurs que l'on ne peut pas demander à la loi ce qu'elle ne peut pas produire sans les moyens nécessaires à sa mise en œuvre. Il était clair également pour les rapporteurs et la commission que la réécriture de l'ordonnance pouvait constituer une fuite en avant alors que le problème majeur était celui de l'application de l'ordonnance dans toutes ses dispositions et non celui de sa réforme.

Un effort budgétaire exceptionnel fut opéré de 1998 à 2002 pour permettre la création de centaines de postes d'éducateurs de la protection judiciaire de la jeunesse (PJJ) sans que cela soit suffisant pour permettre l'effectivité du projet de politique criminelle de l'ordonnance de 1945. Seul le dernier chapitre de notre rapport portait sur la privation de liberté des mineurs, en soi cela se voulait très symbolique du rejet de la privation de liberté pour les mineurs sauf exception. Or, il est clair que nous assistons aujourd'hui à une banalisation de la privation de liberté pour les mineurs dans un climat sécuritaire et une surenchère de toutes parts pour plus de répression.

Après plusieurs tentatives non abouties de réécriture sur le fondement de rapports[3], le choix est fait en 2019 d'une procédure expéditive, d'une réforme à marche forcée par ordonnance, sans cadre doctrinal arrêté à la différence de l'ordonnance de 1945, et sans urgence particulière ; cela ne peut que prêter à la critique. Sur un sujet majeur, le Parlement a

---

[2] Christine Lazerges et Jean-Pierre Balduyck, Rapport au Premier ministre, *Réponses à la délinquance des mineurs*, La documentation française 1998.
[3] Cf en particulier le rapport André Varinard, « *Entre modifications raisonnables et innovations fondamentales, 70 propositions pour adapter la justice pénale des mineurs* », 2009.

été dépouillé de sa compétence. Je tiens à le rappeler. La régression du Parlement est par ailleurs patente.

L'ordonnance du 11 septembre 2019, devenue code de la justice pénale des mineurs (CJPM), n'est pas à droit constant, ne l'est pas en conséquence le CJPM. Une telle habilitation laissant une marge de manœuvre considérable faisait courir le risque d'une perte de cohérence de l'ensemble du code de la justice pénale des mineurs. C'est le cas.

L'ordonnance du 11 septembre 2019, entraînant l'abrogation de l'ordonnance du 2 février 1945, devait entrer en vigueur le 1er octobre 2020 pour les poursuites engagées à compter de son entrée en vigueur, l'entrée en vigueur a été repoussée au 30 septembre 2021. Ardues sont les conséquences en matière d'application de la loi dans le temps : les poursuites engagées avant son entrée en vigueur se poursuivent jusqu'à leur terme conformément aux dispositions du code de procédure pénale et de l'ordonnance n°45-174 du 2 février 1945 dans leur version applicable avant cette date. On notera l'extrême complexité du système pendant au moins trois ans, compte tenu de la durée des procédures.

Au regard de la politique criminelle conduite, le constat est celui d'injonctions contradictoires dans une réforme à marche forcée et aux sources plurielles, cela a des incidences sur la question de la privation de liberté des mineurs. Toute une partie du code ressort d'un travail de fond de la Direction de la protection judiciaire de la jeunesse portant essentiellement sur la mesure éducative du mineur et sa mise en œuvre ; d'autres dispositions sont de nature plus politique résultant d'un programme politique sur la justice débordant la seule question de la délinquance des mineurs, mais elles ont des conséquences précises sur la justice pénale des mineurs. L'objectif politique, parfaitement transparent, est l'accélération de la justice des mineurs et le désengorgement des juridictions pour mineurs qui souffrent d'un manque de moyens que personne ne nie. Ce manque de moyens se retrouve aussi concernant les mineurs privés de liberté. Les concernant on peut parler de banalisation de l'enfermement. La privation de liberté des mineurs n'a pas du tout été un sujet central pour les rédacteurs de l'ordonnance nouvelle comme si le sujet de l'enfermement ne présentait pas de difficulté.

La première phrase du rapport au Président de la République relatif à l'ordonnance n°2019-950 du 11 septembre portant partie législative du code de la justice pénale des mineurs, n'était pourtant autre que la première phrase du préambule de l'ordonnance n°45-174 du 2 février 1945 relative à l'enfance délinquante : « *Il est peu de problèmes aussi graves que ceux qui concernent la protection de l'enfance, et parmi eux, ceux qui ont trait au sort de l'enfance traduite en justice. La France n'est pas assez riche d'enfants pour qu'elle ait le droit de négliger tout ce qui peut en faire des êtres sains* ». Or, si des principes spécifiques sont affirmés dans l'article préliminaire du CJPM, l'accélération vivement souhaitée des procédures est en contradiction avec l'esprit d'un modèle protectionniste et malgré l'offre restreinte de césure du procès pénal[4]. Ceci est parfaitement transparent dans le 3e principe général énoncé.

Le troisième principe général (art. L.11-3) consacre le cumul possible peine et mesure éducative pour les mineurs de plus de treize ans -un mineur de moins de treize ans ne peut pas être condamné à une peine proprement dite- si les circonstances et la personnalité l'exigent concernant le prononcé d'une peine. La primauté de l'éducatif sur le répressif n'est pas expressément rappelée, elle résulte indirectement de ce que le prononcé d'une peine ne peut intervenir que si les circonstances et la personnalité du mineur l'exigent. L'absence d'exposé des motifs dans l'ordonnance du 11 septembre 2019 laisse l'interprète dans le flou sur la primauté de l'éducatif sur le répressif en droit des mineurs. Voilà qui joue sur la privation de liberté des mineurs.

La rupture déjà entamée avec la philosophie de l'ordonnance de 1945 par plusieurs modifications successives de l'ordonnance depuis 2002 est consacrée par le fait que l'option entre mesure éducative et peine est

---

[4] Cf. le dossier de l'*AJPénal* oct.2019 consacré au code de la justice pénale des mineurs, p. 475 et s. et en particulier Naddia Beddiar, la césure du procès pénal des mineurs, p.483.

dorénavant exclue. Son abandon est même présenté comme un principe général, une révolution si l'on se réfère à la philosophie de l'ordonnance du 2 février 1945. Le risque majeur du cumul, souvent dénoncé, est la confusion pour le mineur condamné entre la mesure éducative et la peine. Pour ce mineur la différence entre la mesure éducative et la peine ne peut être claire, il considérera la mesure éducative d'autant plus comme une peine qu'elle serait assortie d'une peine proprement dite. Il est difficile de lutter contre cette confusion qui peut avoir des effets négatifs sur « le relèvement éducatif et moral » du mineur, sur la compréhension de ce qu'est une mesure éducative ainsi que sur la nature juridique théoriquement radicalement distincte de la mesure éducative et de la peine.

Le quatrième et le cinquième principe (art. L.11-4 et L.11-5) ne sont qu'une reprise de l'économie de la peine dans l'ordonnance de 1945 : d'une part aucune peine ne peut être prononcée à l'encontre d'un mineur de moins de treize ans, d'autre part, les peines encourues par les mineurs sont diminuées conformément aux dispositions du présent code. Sur les peines, le titre les concernant a été rédigé à droit constant, il est intéressant de faire observer qu'il n'y a pas eu de réflexion sur les peines. Le dispositif reste le même.

Concernant la privation de liberté des mineurs, deux points sont intéressants : la banalisation de l'enfermement des mineurs (I) d'une part, et d'autre part, la montée en puissance des CEF(II).

Je ne parlerai que peu de chiffres faute de temps. En revanche soyons au clair sur le fait que la privation de liberté des mineurs ne se traduit pas seulement par un enfermement en maison d'arrêt, en établissement pour mineurs (EPM) ou en centre de détention avec quartier-mineurs, mais également en centre éducatif fermé (CEF) et en centre de rétention administrative (CRA). S'agissant de la privation de liberté des mineurs en divers lieux, l'avis de la CNCDH du 27 mars 2018[5] demeure d'une grande actualité.

I. La banalisation de l'enfermement

Il y a un paradoxe à continuer à affirmer que l'enfermement de l'enfant doit être l'ultime des solutions et à faire le constat de la place grandissante et non dissimulée faite aux centres éducatifs fermés (CEF), pourtant très contestés aussi bien par nombre de magistrats et travailleurs sociaux que par des institutions comme le Contrôle général des lieux de privation de liberté (CGLPL) ou encore la Commission nationale consultative des droits de l'homme (CNCDH), sauf exception s'agissant de quelques structures souvent associatives.

Si les décisions prises à l'égard des mineurs tendent à leur relèvement éducatif et moral ainsi qu'à la prévention de la récidive (art. L.11-2 du CJPM), et si une peine ne peut être effectivement prononcée que si les circonstances et la personnalité du mineur l'exigent (art. L.11-3 du CJPM), le principe de la primauté de l'éducatif est insuffisamment affiché. Le constat est celui du bond en avant de la privation de liberté des mineurs en quartier spécial de maison d'arrêt, ou en établissement pénitentiaire pour mineurs (EPM) et en centre éducatif fermé (CEF) permettant de parler de contradictions avec l'esprit de l'ordonnance de 1945 et plus précisément encore de contradictions avec la politique criminelle toujours affichée concernant les réponses à la délinquance des mineurs, y compris dans le Rapport au Président de la République présentant le futur code de la justice pénale des mineurs.

L'affichage que l'on croyait clair depuis 1945 sur le recours *a minima* à la privation de liberté est perturbé par une hausse constante du nombre de mineurs placés en détention provisoire. Ceci n'est pas suffisamment observé et critiqué. Dans les faits, les mineurs en détention provisoire sont beaucoup plus nombreux dans les établissements pénitentiaires que les mineurs condamnés. Le taux de mineurs placés en détention

---

[5] Avis CNCDH sur la privation de liberté des mineurs, cf. Site de la CNCDH et JORF 1er avril 2018 n°0077, texte n°48.

provisoire est rarement inférieur à 75% des mineurs détenus. De janvier 2016 à janvier 2018, le nombre de mineurs prévenus a augmenté de 21% et celui des mineurs condamnés a baissé de 18%. Les affaires soumises aux tribunaux pour enfants n'ont augmenté que de 2,66% entre 2014 et 2016, alors que les placements sous contrôle judiciaire ont augmenté de 52,67% et la détention provisoire de 56,14% pendant la même période[6]. Trop souvent le mineur quitte la prison le jour de sa condamnation définitive et peut ressentir un sentiment de lourde injustice pour les mois passés en prison en détention provisoire. Il est compliqué d'expliquer au mineur qu'il a exécuté sa peine avant d'être condamné.

Le nombre de mineurs détenus dans des quartiers de maison d'arrêt ou en établissements pénitentiaires pour mineurs (EPM) se situe autour de 800, il n'a jamais été inférieur à 600 depuis 2002. Au titre des mesures éducatives, les derniers établissements fermés autres que les établissements pénitentiaires avaient été fermés en 1976, tant leur fonctionnement était critiqué. Ils réapparaissent avec la loi du 29 août 2002 sous la forme de CEF et sont avalisés par le Conseil constitutionnel dans une célèbre décision posant un principe fondamental reconnu par les lois de la République (PFRLR) relatif à la délinquance des mineurs[7]. Le Conseil avalise la réintroduction de mesures éducatives en milieu fermé en acceptant le nouveau dispositif qu'est le CEF. Il ne fait aucun doute que les CEF sont des lieux de privation de liberté, soumis par les textes au contrôle du CGLPL.

Sans débat parlementaire sur le code de justice pénale des mineurs comment pouvait-il y avoir débat sur la privation de liberté des mineurs et la privation de liberté en CEF alors qu'en ce domaine on est à droit constant sauf à prendre conscience de la place exceptionnelle prise par les CEF.

---

[6] Cf. Avis de la CNCDH précité.

[7] Cons.const, n°2002-461 DC du.26 août 2002.

II. La montée en puissance des CEF

Le statut légal d'un CEF ressort des articles 113-7et s. du CJPM. Dans le Titre du code sur les mesures éducatives, le CEF occupe une place à part, il fait l'objet d'une section propre dans un chapitre sur le régime du placement. Sa nature juridique est bien celle d'une mesure éducative en milieu fermé. L'article L.113-7 alinéa 1er du CJPM dispose : « *Les centres éducatifs fermés sont des établissements publics ou des établissements privés dans les conditions prévues par décret en Conseil d'État, dans lesquels les mineurs sont placés en application d'un contrôle judiciaire, d'un sursis probatoire, d'un placement à l'extérieur ou à la suite d'une libération conditionnelle. Au sein de ces centres, les mineurs font l'objet des mesures de surveillance et de contrôle permettant d'assurer un suivi éducatif et pédagogique renforcé et adapté à leur personnalité.* » L'article L.112-14 énonce, au titre du module de placement, les solutions de placement pour un mineur en excluant, parmi les institutions ou établissements éducatifs du secteur public de la PJJ ou du secteur privé habilité, les CEF auxquels est consacré, comme nous venons de le voir, une section particulière en un long article, l'article L.113-7 comportant six alinéas. Cet article est le dernier du Titre sur les mesures éducatives, on ne peut contester que le placement en CEF demeure une mesure éducative au statut original plus répressif qu'éducatif.

Le nombre de mineurs privés de liberté dans un CEF, augmente mécaniquement avec l'ouverture de nouveaux CEF ; il est fonction du nombre de places en CEF. La hausse de la détention provisoire n'est pas étrangère à la montée en puissance des CEF où sont placés de nombreux mineurs sous contrôle judiciaire convertible en détention provisoire si les obligations du contrôle judiciaire ne sont pas respectées. C'est ainsi que la promotion des CEF dans le code de la justice pénale des mineurs et l'accroissement prévu de leur nombre, alimentera et continuera à alimenter mécaniquement la détention provisoire. Le CJPM confère aux CEF un statut particulier parmi la gamme des formes de placement pour mineurs au détriment d'autres formes de placement. Certains lieux de placements diversifiés ont été supprimés pour être remplacés par des CEF.

Le lien entre CEF et peine est fort ; l'article L.122-2 portant sur la peine d'emprisonnement assortie d'un sursis probatoire prévoit une liste d'obligations alternatives ou cumulatives comme le respect jusqu'à la majorité des conditions d'un placement en centre éducatif fermé. Dans cette hypothèse le placement en CEF participe clairement de la peine et non de la mesure éducative. Comment peut-il ne pas y avoir confusion dans l'esprit du mineur de la représentation qu'il se fait d'un placement en CEF ?

En CEF sont mélangés des mineurs non encore condamnés et des mineurs condamnés pour lesquels la mesure éducative à statut spécial de placement en CEF se surajoute à la peine. La rupture avec l'ordonnance de 1945 est consommée. Dans toutes les hypothèses, la sanction du non-respect des obligations accompagnant le placement en CEF doit conduire, sauf exception, en quartier pour mineurs d'une maison d'arrêt ou en EPM. Il n'est pas exagéré de dire, comme les experts l'observent et les statistiques le prouvent, que le CEF est trop souvent l'antichambre de la prison en particulier lorsqu'il est la suite d'un contrôle judiciaire dont les obligations n'ont pas été respectées.

Le choix politique d'augmenter sensiblement le nombre de CEF et d'accroître les catégories de mineurs pouvant être placés en CEF tourne le dos aux critiques sévères des CEF émanant aussi bien de la CNCDH dans son avis de 2018 que du CGLPL dans son rapport d'activité 2019. Dans les faits, le fonctionnement des CEF s'avère particulièrement difficile et chaotique avec un turn-over des personnels incompatible avec l'ambition d'une prise en charge éducative. Le bilan des visites de CEF en 2019 par le CGLPL se termine ainsi : « La fragilité de ces structures, destinées à accueillir des enfants eux-mêmes fragiles et soumis à des parcours chaotiques, n'a pas fait l'objet de l'attention politique nécessaire. Le diagnostic est connu, personne ne le conteste, les bonnes pratiques qu'il faudrait observer ne le sont pas moins et la difficulté rencontrée n'est pas que budgétaire : il s'agit simplement de concevoir un régime juridique permettant de stabiliser le personnel et de former à la fois l'encadrement des centres et des éducateurs. Dans l'attente de ces mesures, le CGLPL réaffirme son opposition à l'ouverture de nouveaux centres ».

En définitive, s'entrechoquent dans le futur code de la justice pénale des mineurs des sources radicalement différentes. De la direction de la protection judiciaire de la jeunesse émane des textes proches du modèle protectionniste malgré la suppression d'un juge des enfants qui soit aussi juge d'instruction, et malgré le cumul possible mesures éducatives et peines. Le dossier de personnalité est mis en avant et suivra le mineur, élément majeur pour une justice pénale centrée sur la personne du mineur, son développement psychologique, affectif et social. Le brouillage du modèle résulte d'une volonté clairement exprimée d'accélérer le fonctionnement de la justice en général, de la justice des mineurs en particulier, et même de la contourner. En droit pénal des mineurs, cela s'exprime par un transfert massif de mineurs suspectés de délinquance du siège au parquet par le biais des alternatives aux poursuites. Plus de la moitié des dossiers concernant des mineurs échappent aujourd'hui au juge des enfants et reviennent au substitut chargé des mineurs.

Parallèlement le durcissement de la répression pénale à l'égard des mineurs de 16 à 18 ans perdure avec le CJPM permettant de parler d'abaissement insidieux de l'âge de la majorité pénale alors qu'il s'agit de l'âge des plus grandes fragilités. La tranche d'âge la plus représentée en CEF est la tranche d'âge 16-18 ans. En dépit des travaux de chercheurs et des rapports très inquiétants sur le fonctionnement des CEF, ce dispositif, parmi tous les modes de placement, est privilégié dans la politique gouvernementale bien que particulièrement onéreux. La place que le CJPM consacre aux CEF apporte la preuve d'un soutien particulier du gouvernement pour ce mode de placement alors que la justice des mineurs a foncièrement besoin d'une diversification des modes de placements sans que soient privilégiés les lieux de placement fermés.

Des vents contraires ont soufflé au cours de sa rédaction du CJPM, confortant le doute sur le principe de primauté de l'éducatif sur le répressif et l'assurance de contradictions internes dans ce tout jeune code.

Le cumul des mesures éducatives et de la peine : une mesure lisible pour le mineur ?

Laurent GEBLER
Président de chambre, chambre spéciale des mineurs, cour d'appel de Paris

Propos liminaires

1) Lisibilité, compréhension, acceptation de la réponse pénale

S'agissant de mineurs, la question de la lisibilité de la réponse pénale est essentielle. Et la pédagogie de la réponse se trouve en premier lieu entre les mains du juge, mais aussi entre celles des éducateurs et de l'avocat, dont la mission est aussi de faire comprendre au mineur le sens de la sanction prononcée, tant au regard des faits commis que de la personnalité du jeune.

On peut le déplorer, mais en matière pénale, à la différence de l'assistance éducative, la pédagogie passe beaucoup moins par l'écrit, les décisions n'étant le plus souvent pas motivées.

D'où l'importance que le juge des enfants, au moment où il rend sa décision dans son cabinet ou au TPE, puisse prendre le temps de pouvoir expliquer au mineur et à ses parents ce qui a motivé le choix de la sanction.

D'où l'importance également de la présence de l'avocat aux côtés de l'enfant, ainsi que de celle à l'audience des personnels éducatifs qui suivent et connaissent l'enfant, et qui sont appelés ensuite, après avoir entendu la même chose que l'enfant lors de l'audience, à mettre en œuvre les mesures prononcées.

La compréhension de la réponse pénale ne doit pas être confondue avec son acceptation, même si elle en constitue le préalable, tant il est difficile de faire accepter par un enfant (comme à un adulte) une sanction qui n'a pas été clairement expliquée.

Et l'acceptation restera en tout état de cause une notion éminemment subjective, surtout chez un enfant : même s'il peut comprendre intellectuellement la sanction ou la mesure prononcée, son acceptation dépend souvent d'autres facteurs dont la justice n'a pas forcément la maîtrise. La mesure la plus emblématique est celle du placement : même si le jeune comprend parfaitement qu'un juge décide à un moment donné de ne pas le laisser rentrer dans sa famille ou dans son quartier, et même s'il perçoit que cette mise à distance est nécessaire pour lui permettre d'avancer, d'autres facteurs notamment d'ordre psychoaffectif (par rapport à son histoire personnelle, à sa famille ou à son quartier) ne l'autorisent pas à accepter la décision et, partant, à investir son placement.

Et pourtant, notamment en matière de placement, tous les professionnels de la protection de l'enfance en danger ou délinquante savent parfaitement qu'une mesure de placement ne sera réellement efficiente que si elle a pu être *a minima* investie par celui qui en est l'objet. Sinon, au mieux il y fera son temps en comptant les jours, et au pire il en fuguera ou s'arrangera pour se faire exclure.

Il en va de même pour d'autres mesures, telle que la réparation pénale, mesure emblématique de la justice des mineurs, mais qui n'a de sens et ne peut produire d'effets positifs que si l'intéressé s'inscrit lui-même dans une démarche de réhabilitation vis-à-vis de sa famille, de la justice, de lui-même et – rêvons un peu – de la victime (l'empathie n'étant pas la qualité première des adolescents en difficulté). À défaut, là encore, elle sera au mieux exercée de façon mécanique (« j'ai fait mon TIG »), tout le monde sera content, mais la récidive restera en embuscade au coin de la rue faute pour le mineur d'avoir compris le sens de la mesure prononcée. D'où d'ailleurs le caractère indispensable de l'entretien avec le juge avant le prononcé d'une telle mesure (ce qui n'est pas le cas des réparations ordonnées par le parquet).

2) Quelles sont les conditions d'une réponse judiciaire lisible ?

a. Une juste articulation entre l'éducatif et la sanction

Dans les débats qui ont précédé le CJPM, on s'est beaucoup attaché aux questions de sémantique, notamment autour de la notion de « mise à l'épreuve éducative », la notion de « mise à l'épreuve » faisant nécessairement écho à la peine de « sursis avec mise à l'épreuve », sanction pénale emblématique en ce qu'elle combine les notions d'éducation, de sanction et de contrainte.

Vieux débat : « peut-il y avoir une éducation sans contrainte » ?

À l'origine, l'ordonnance du 2 février 1945 avait plutôt répondu par la négative, en imposant par principe au juge de choisir entre le prononcé d'une mesure éducative (placement, réparation, protection judiciaire) et l'infliction d'une sanction pénale (amende, emprisonnement, travail d'intérêt général).

Pourtant, le ver était dans le fruit puisque, dès l'origine, la mesure de liberté surveillée a toujours pu être prononcée en complément d'une peine.

Le développement du travail d'intérêt général dans les années 80 a renforcé la confusion en prônant, pour les mineurs, que le travail soit autant que possible adapté à leur situation et qu'il puisse présenter des vertus pédagogiques, voire leur mettre un pied à l'étrier vers la vie active. De sorte d'ailleurs que pour tout le monde – sauf pour les juristes – le TIG est plus assimilé pour professionnels à une mesure éducative qu'à une peine (moins pour les mineurs d'ailleurs…)

Les différentes réformes de l'ordonnance de 1945 dans les années 2000 ont fait exploser cette fiction d'une séparation artificielle entre peine et mesure éducative, tout le monde – y compris les éducateurs les plus réfractaires – se rangeant finalement à l'idée que la sanction faisait partie de l'éducation.

Ceci étant, c'est un changement idéologique radical qui s'est opéré durant cette période qui ne se caractérisait pas par la bienveillance à l'égard des mineurs auteurs d'infractions, et durant laquelle l'esprit de l'ordonnance de 1945 de la prééminence de l'éducation était particulièrement mis à mal. De sorte que, par un mouvement de balancier, les mesures éducatives n'étaient plus envisagées que dans l'ombre de la sanction.

Le placement n'était plus conçu qu'au sein de structures accueillant exclusivement des jeunes délinquants.

Après avoir durant des décennies accueilli un public mixte au sein des structures éducatives (mineurs confiés au titre du pénal et de l'assistance éducative), la PJJ s'est recentrée sur le pénal et une dichotomie s'est opérée, y compris par porosité dans les médias et l'opinion publique, entre les voyous d'un côté – pris en charge par la PJJ - et les enfants victimes de l'autre, confiés à l'aide sociale à l'enfance. Alors que tout le monde sait qu'à 80% ce sont les mêmes jeunes avec les mêmes problèmes, et que seul le mode de passage à l'acte diffère. La conséquence ne s'est pas fait attendre : explosion des structures, difficulté à recruter du personnel, création de poudrières… et rejet du placement au pénal tant par les mineurs concernés que par leurs parents.

Et nécessairement, les mesures de placement au pénal n'étaient plus envisagées que verrouillées par un contrôle judiciaire ou une mise à

l'épreuve, selon le stade du processus. La fugue est ainsi devenue un délit en soi, puisqu'elle conduisait à la prison.
L'acmé du concept était atteinte avec la création puis le développement des centres éducatifs fermés qui, par leur simple sémantique, portaient dès l'origine toute leur ambiguïté et, malheureusement, le germe de leur échec en reposant sur une construction juridique artificielle (fermeture juridique et non pas physique) totalement incompréhensible pour des mineurs.
Au-delà du placement, même les mesures conçues jusqu'alors comme purement éducatives telles que la liberté surveillée ou la réparation se voyaient encadrées dans l'ordonnance de 45 par la possibilité de sanction, pour le cas où le jeune n'y adhérerait pas : sanction par le placement dans le cadre des « sanctions éducatives », ou sanction par la prison dans le cadre du contrôle judiciaire ou du sursis avec mise à l'épreuve. Heureusement, les juges ne se sont quasiment pas emparés de ces outils qui relevaient davantage du concours Lépine législatif que d'une réponse cohérente à des actes posés par des mineurs.
Après ces mouvements de balancier dans l'histoire, le CJPM a pour ambition de réintroduire une certaine cohérence dans la réponse pénale, d'une part en rassemblant les mesures éducatives sous des dénominations génériques et en les déclinant avec des modules spécifiques, et d'autre part en introduisant certains freins aux dérives antérieures et en rappelant la primauté de l'éducatif, la sanction ne devant plus être envisagée sans avoir permis préalablement au processus éducatif de se dérouler jusqu'à son terme. C'est ainsi que, durant la période de mise à l'épreuve éducative, l'incarcération ne peut plus être décidée que pour une courte durée d'un mois (pour marquer le coup) en cas de violation des obligations du contrôle judiciaire.

b. Deuxième condition d'une réponse judiciaire lisible : La maîtrise du temps

Quelle que soit la réponse éducative ou sanctionnatrice apportée, il est tout aussi essentiel pour être lisible qu'elle s'inscrive dans une temporalité compatible avec celle du mineur.
C'est en tout cas l'ambition du CJPM, et l'un des axes les plus emblématiques de la réforme puisque la justice des mineures devient la première à encadrer le jugement des affaires par des délais contraints.

Quelle que soit la réponse judiciaire – éducatrice et/ou sanctionnatrice – chacun s'accorde à considérer qu'elle n'a plus de sens lorsqu'elle intervient trop tardivement. Surtout lorsqu'entre temps, de nouvelles affaires plus récentes ont été jugées via des procédures accélérées.
Sur le papier, la temporalité prévue par le CJPM paraît cohérente, sous la réserve importante que les mesures ordonnées puissent être mises en œuvre immédiatement.
Des ajustements de temporalité seront également nécessaires, notamment lorsqu'il s'agit d'ordonner une mesure judiciaire d'investigation éducative ou un placement en CEF lors d'un déferement.

c. Troisième condition d'une réponse judiciaire lisible : la cohérence des mesures dans un parcours

L'autre objectif du CJPM est de mettre fin à l'empilement des mesures constaté sous la précédente législation dans laquelle la logique de traitement par dossier conduisait la juridiction pour mineurs à décider de mesures nouvelles dossier par dossier, tantôt au stade de l'instruction tantôt au stade du jugement, et parfois même de l'après-jugement. Un mineur réitérant pouvait ainsi aisément se retrouver avec deux ou trois contrôles judiciaires, outre une mesure de liberté surveillée préjudicielle (LSP) et une mise sous protection judiciaire (MSPJ). Quelle lisibilité pour le mineur concerné ? Là encore, le cumul des peines et des mesures éducatives, s'il n'intervenait pas dans un même dossier, se trouvait *de facto* imposé par l'accumulation des procédures et des décisions.
En permettant de raccrocher une nouvelle mise à l'épreuve éducative à une précédente, le CJPM tente de juguler cette logique d'empilement et de redonner une cohérence d'ensemble à l'intervention judiciaire et éducative.
Moderniser la dialectique de l'éducatif et du judiciaire, maîtriser le temps et redonner une cohérence au parcours du mineur vont manifestement dans la bonne voie, et en tout cas dans une logique comparable à celle de l'assistance éducative où c'est bien le mineur qui est au centre du dossier et non ses différents passages à l'acte, qui ne conduisent qu'à adapter les mesures prises.
Il faut maintenant laisser vivre ce nouveau texte, au-delà des difficultés d'ordre matériel ou organisationnel qui vont nécessairement ralentir sa mise en œuvre dans l'attente qu'il trouve un rythme de croisière. Et en

espérant qu'il ne va pas, comme ce fut le cas pour l'ordonnance de 45, faire l'objet de réformes successives au gré des changements politiques.

Mais replacer le mineur au centre du processus est en tout cas une belle ambition.

L'illusion d'une meilleure réponse pénale favorisée par sa célérité

Julie GADIOLLET
Présidente du TPE de Draguignan

Au cœur de la réforme du code de justice pénale des mineurs, le juge des enfants est soumis à des délais permanents. La volonté affichée du législateur est la réactivité de la réponse pénale.
Alors illusion ou but réaliste ?
Il convient de rester prudent, nous disposons de peu de recul à deux mois de la mise en œuvre du code de justice pénale des mineurs entré en vigueur le 30 septembre 2021.

I. Le jugement en deux temps, encadré par des délais « *rapides* »

La procédure ordinaire de mise à l'épreuve éducative prévoit le jugement du mineur délinquant en deux temps avec des délais raccourcis : entre les 6 mois-10 jours et 1 an.
Ces délais représentent une accélération réelle du temps de jugement.

Ex : à Draguignan, avant le code de justice pénale des mineurs en 2019-2020, le délai de jugement était compris entre 12 à 18 mois.

- La décision de **culpabilité** intervient entre 10 jours et 3 mois devant le juge des enfants en chambre du conseil ou devant le tribunal pour enfants ouvrant la période de mise à l'épreuve éducative.

La possibilité de ne pas recourir à la mise à l'épreuve éducative est offerte au juge des enfants.

- La décision sur la **sanction** intervient entre dans le délai de 6 et 9 mois, la date est donnée aux parties à l'audience de culpabilité.

La procédure de jugement s'adapte au temps de l'adolescent permettant la mise en place d'un travail rapide sur la culpabilité pour favoriser la responsabilité et le suivi éducatif, une réponse équilibrée, rapide et concrète, nécessaire à favoriser le recul de la mise à l'épreuve éducative.

Des interrogations demeurent quant à la perte du bénéfice du choix de la date d'audiencement (par exemple dans l'hypothèse d'un placement qui se déroule positivement) et quant à l'intégration de la célérité de la procédure par le procureur de la République et la moindre nécessité de l'audience devant le tribunal pour enfants en audience unique.

II. Les dispositifs spécifiques pour l'accélération des procédures

1) La procédure de jugement unique (culpabilité + sanction)

Cette procédure permet le jugement en une même audience et se prononçant à la fois sur la culpabilité et la sanction.

- Par le juge des enfants ou le tribunal pour enfants,

C'est une possibilité à la double condition : que la juridiction soit suffisamment informée de la personnalité du mineur et qu'il n'y ait pas de nécessité de période de mise à l'épreuve éducative.
Le mineur encourt des mesures éducatives ou peines (en fonction des réquisitions du procureur de la République en chambre du conseil).

- La saisine tribunal pour enfants par le procureur de la République aux fins d'audience unique,

Il s'agit de l'ancienne procédure de présentation immédiate dite « PIM », facilitée par des conditions plus simples à réunir :

- Quant aux conditions d'âge du mineur :
  - 13/16 ans peine supérieure ou égale à 5 ans,
  - + 16 ans peine supérieure ou égale à 3 ans.
- Quant aux antécédents éducatifs : une procédure éducative, une mesure judiciaire d'investigation éducative ou une autre procédure ayant donné lieu à un rapport de moins d'un an.

Précédemment, selon l'ordonnance de 45, une expertise ou mesure judiciaire d'investigation éducative de moins d' 1 an était nécessaire, avec le code de justice pénale des mineurs, un rapport de suivi éducatif de moins d' 1 an suffit.

La procédure comprend le déferement devant le procureur de la République et un débat devant le juge des libertés et de la détention pour la détention provisoire ou le juge des enfants en cas de demande de contrôle judiciaire ou d'assignation à résidence sous surveillance électronique.

Le jugement devant le tribunal pour enfants doit intervenir dans le mois en cas de détention provisoire et dans les 3 mois en cas de demande de contrôle judiciaire ou d'assignation à résidence sous surveillance électronique.

Ex : sous l'ordonnance de 45, on comptait 0 à 1 PIM par an et au 01/12 : 6 dossiers (4 devant le juge des libertés et de la détention et 2 devant le juge des enfants) soit une hausse de + 25 %.
Des réflexions doivent être menées pour déterminer s'il s'agit d'un effet d'aubaine à l'entrée en vigueur du nouveau texte ou l'examen de situations particulières de mineurs très connus et réitérants.

Si la diminution de la détention provisoire des mineurs est un objectif de la réforme, le système est très défavorable au mineur très connu.
On peut repérer un décalage qui s'opère entre le travail éducatif et la sanction pénale entre la période présentencielle et postsentencielle.

Sous l'ordonnance de 45, le temps éducatif existait entre la mise en examen et le jugement, le délai de jugement s'adaptait au mineur et à la charge de travail de la juridiction.

Avec le code de justice pénale des mineurs, les dates fixes risquent d'entraîner un effet « domino » sur les peines engendrant une incarcération rapide du mineur réitérant et/ou la révocation des peines de sursis prononcées.

2) Les dispositifs ponctuels de modification des délais

- **Le dessaisissement**

Après la décision de culpabilité, le juge des enfants peut disjoindre le dossier pour faire un dossier par mineur et permettre le dessaisissement si besoin au juge des enfants naturel du mineur suivi dans un autre ressort

Ex : un mineur de Toulon commet des faits sur le ressort de Draguignan avec un mineur de ce ressort, avant il fallait attendre la fin de la procédure.
En ramenant les délais à 3 mois, le CJPM permet un retour de la procédure au juge des enfants naturel du mineur ce qui est beaucoup plus efficace et représente un important gain de temps.

- **La modification de la date d'audience**

Le code de justice pénale des mineurs permet le regroupement des procédures en se centrant sur le mineur (pas sur les procédures), à tout moment la jonction n'est pas soumise à la connexité à l'audience de sanction qui est soumise à des conditions strictes.

Par ailleurs, le juge des enfants dispose d'une possibilité de modifier la date, d'étendre la procédure de mise à l'épreuve éducative aux nouveaux faits, de joindre les procédures et de change la juridiction saisie (chambre du conseil à tribunal pour enfants, mais pas l'inverse) et de juger les procédures à la même date.

Ex : 10/04 audience de culpabilité avec renvoi devant le juge des enfants pour une audience sanction le 10/11
De nouveaux faits sont commis le 20/05, l'audience culpabilité a lieu le 30/06 et le renvoi est décidé devant le tribunal pour enfants pour les 2 procédures le 30/10

Cette disposition très pratique devrait permettre un grand gain de temps et de cohérence

Conclusion

Il est complexe de faire un retour concret pour le moment, le circuit du code de justice pénale des mineurs n'est pas bouclé, les jugements sanction n'ont pas encore commencé.
Le code de justice pénale des mineurs offre des outils gain de temps bien réels.

D'un point de vue global, l'équilibre de la procédure du code de justice pénale des mineurs repose sur le respect de ces délais certes non sanctionnés.

Dans la durée par les tribunaux pour enfants doivent faire face au stock des dossiers pénaux de l'ordonnance 45 à juger et du flux des procédures nouvelles, qui au regard de la rigidité des délais imposés, représentent un risque d'engorgement des juridictions des mineurs.

L'ACTION DES ACTEURS JUDICIAIRES ET ÉDUCATIFS

Le principe de continuité de l'intervention de l'avocat

Odile SIMONIN
Avocate au Barreau de Toulon

Le principe de continuité de l'intervention de l'avocat est créé et codifié par le Code de Justice pénale des Mineurs en son article L. 12-4, modifié par la Loi n° 2021/218 du 26 février 2021 - art. 6, fondant les principes de la procédure applicable :

« Le mineur poursuivi ou condamné est assisté d'un avocat.
Le mineur participe au choix de son avocat ou effectue ce choix dans les conditions prévues par le présent code.
Lorsqu'un avocat a été désigné d'office, dans la mesure du possible, le mineur est assisté par le même avocat à chaque étape de la procédure. »

Une telle disposition caractérise clairement la volonté de mettre en place le principe de la continuité du suivi du mineur, dans le temps et dès sa mise en cause, jusqu'à l'ultime étape de procédure qu'est l'audience de sanction ; elle permet même de supposer un accompagnement lors de la mise en œuvre de la peine et son éventuel aménagement : « *le mineur poursuivi ou condamné* »

Ladite volonté, favorisant la continuité du suivi du mineur, est confirmée dans le souhait du choix de l'avocat en charge de sa défense, et *« dans la mesure du possible »,* la désignation du *« même avocat à chaque étape de la procédure ».*

Ainsi, nos institutions judiciaires sont-elles invitées par le législateur à fonctionner en garantes du principe de continuité de l'intervention de l'avocat dans sa mission de défense et de représentation du mineur.

Enfin, la volonté, « *le choix de son avocat* » auquel le mineur est censé désormais *« participer activement »* vient confirmer le principe d'une continuité programmée de l'intervention du conseil, choix qui doit emporter l'adhésion du mineur, pour que puisse se mettre en place un véritable accompagnement judiciaire sur une moyenne échéance, que représente le parcours pénal du mineur délinquant, jusqu'au rétablissement d'un parcours de vie normalisé, et apaisé.

La notion d'adhésion du mineur au choix de l'auxiliaire de justice qui aura pour mission de le représenter est essentielle, et inextricable du principe de continuité de l'intervention.

Ainsi la justice pénale des mineurs admet-elle, enfin, de considérer davantage l'aspect psychologique, pédagogique, sans lesquels elle ne saurait utilement œuvrer, ni espérer un quelconque résultat d'apaisement et d'insertion du mineur en « instance de souffrance ».

Car il n'est pas exagéré de considérer que dans tout passage à l'acte infractionnel, il existe indubitablement une expression sous-jacente de mal-être et de détresse exprimée de l'enfant, de l'adolescent, que la Justice pénale des Mineurs a pour devoir de gérer.

Défier l'Ordre établi, outrepasser les règles posées, se mettre en danger, revient bien souvent et en grande partie à crier une douleur que le monde des adultes et l'Institution Judiciaire ont pour mission de soulager, à défaut de pouvoir la guérir durablement…

La création du dossier unique de personnalité du mineur - *Article L. 322-8, modifié par la Loi n° 2021/218 du 26 février 2021 - art. 12,* auquel l'avocat a expressément accès, souligne encore le principe de continuité de l'intervention :

« Un dossier unique de personnalité est constitué par le Juge des enfants qui connaît habituellement le mineur, lorsqu'à l'occasion de poursuites pénales, ce dernier fait l'objet d'une mesure de sûreté, d'une mesure éducative, ou d'une mesure d'investigation autre qu'un recueil de renseignements socio-éducatifs.

Il est également ouvert par le Juge des enfants lorsque celui-ci est saisi de l'application d'une peine ou d'une mesure éducative « prononcée par une juridiction de jugement pour mineurs.

Le Juge d'instruction saisi d'une procédure concernant un mineur transmet au Juge des enfants les pièces devant être versées au dossier unique de personnalité.

Ce dossier ne peut être utilisé que dans des procédures pénales suivies devant les juridictions pour mineurs.

Il est disponible sous format numérique.
Les conditions dans lesquelles le dossier unique de personnalité est conservé après la majorité du mineur sont précisées par décret en Conseil d'État. »

La consultation et la prise en compte des éléments de personnalité du mineur doivent désormais accompagner chaque intervention du juge, dans tous domaines, à travers les différentes juridictions et quelles que soient les mesures envisagées, des plus contraignantes, comme une mesure de sûreté, jusqu'aux plus souples comme une seule mesure éducative.

Il est même prévu qu'une simple mesure d'investigation soit accompagnée de la constitution du dossier unique de personnalité.

La loi prévoit encore jusqu'à l'ouverture de la juridiction la plus fermée et la plus protectrice du secret… L'instruction… Laquelle s'obligera désormais à communiquer, partageant avec le Juge des enfants toutes pièces ayant vocation à figurer audit dossier de personnalité…

La qualification d'« *unicité* » du dossier de personnalité affirme pleinement l'exigence d'une recherche de continuité du suivi du mineur, dans le temps, mais aussi à travers les différentes juridictions (Tribunal pour enfants, Instruction) auprès des différents intervenants (éducateurs, avocats, magistrats), la procédure mettant en place une convergence des interventions judiciaires, complémentaires et en interaction tel un maillage de protection et d'encadrement du mineur auteur d'infractions.

Enfin, la réforme, à travers les Mesures éducatives judiciaires - M.E.J - *Article L112-2, modifié par la Loi n° 2021/218 du 26 février 2021 - art. 7,* met à la disposition du Juge des enfants un ensemble de modules dont la variété doit permettre de balayer le champ complet de la personnalité du mineur, selon les faits infractionnels reprochés, en trouvant l'adéquation la plus précise possible, pour optimiser le résultat éducatif espéré.

« La mesure éducative judiciaire consiste en un accompagnement individualisé du mineur, construit à partir d'une évaluation de sa situation personnelle, familiale, sanitaire et sociale. La juridiction peut

également prononcer un ou plusieurs des modules, interdictions ou obligations suivantes :
1°) Un module d'insertion ;
2°) Un module de réparation ;
3°) Un module de santé ;
4°) Un module de placement
5°) Une interdiction de paraître pour une durée qui ne saurait excéder un an, dans le ou les lieux dans lesquels l'infraction a été commise et qui sont désignés par la juridiction, à l'exception des lieux dans lesquels le mineur réside habituellement ;
6°) Une interdiction d'entrer en contact avec la victime ou les coauteurs ou complices désignés par la juridiction, pour une durée d'un an au maximum ;
7°) Une interdiction d'aller et venir sur la voie publique entre 22 heures et 6 heures sans être accompagné de l'un de ses représentants légaux, pour une durée de six mois maximum ;
8°) L'obligation de remettre un objet détenu ou appartenant au mineur et ayant servi à la commission de l'infraction ou qui en est le produit ;
9°) L'obligation de suivre un stage de formation civique d'une durée qui ne peut excéder un mois, ayant pour objet de rappeler au mineur les obligations résultant de la loi. »

La mise en œuvre des mesures éducatives judiciaires est confiée, par principe, aux services de la Protection judiciaire de la Jeunesse PJJ, et la continuité de l'intervention de l'avocat s'insère d'évidence dans une collaboration étroite, centrée sur l'intérêt supérieur de l'enfant qu'il convient d'extirper d'une dérive infractionnelle.

« Insertion sociale – réparation – santé – placement si nécessaire-obligations empruntées au domaine des contrôles judiciaires et assouplies pour convenir aux mineurs - interdictions contenues dans des temps réduits adaptés à une échelle envisageable pour le mineur... »

La diversité des domaines et disciplines abordés s'allie à la spécificité des mesures envisagées, et le principe de continuité de l'action des professionnels en charge de la protection du mineur devient une évidence incontestable...

Une fois ce principe établi, et admis sans conteste, sa mise en œuvre demeure à construire dans une réalité parfois délicate…

Rien n'est plus lourd à ébranler que les habitudes des pratiques enkystées…

Les différents services, éducateurs, et auxiliaires de justice, sont trop longtemps restés figés dans une froide coexistence indifférente et compartimentée, dans une étanchéité stérile et contre-productive.

Avocats et éducateurs des services de la PJJ apprennent aujourd'hui, dans à travailler ensemble, et l'esprit de la réforme du code de justice pénale des mineurs y contribue incontestablement.

Il est temps de comprendre que seules une collaboration étroite, une communication continue, l'exploitation intelligente d'une complémentarité des rôles respectifs dans un travail commun doivent permettre d'apporter à l'audience devant le Juge des enfants les éléments nécessaires pour lui permettre de statuer plus sereinement, en s'appuyant sur un travail suffisamment structuré et homogène, apportant la connaissance la plus complète du mineur mis en cause.

Le principe de continuité de l'intervention de l'avocat en charge du mineur ne s'inscrit pas uniquement dans le temps, mais également de manière transversale et interdisciplinaire, élément indispensable à comprendre pour optimiser l'efficacité de l'intervention.

En effet, les situations présentées par les mineurs délinquants soulèvent des problématiques d'ordre psychologique, familial, sociologique impliquant une approche pluridisciplinaire structurée et organisée dans le temps, particularité du droit pénal des mineurs, source de sa complexité, mais aussi de tout son intérêt.

Nous constatons en pratique sur l'actuelle décennie une délinquance des mineurs de plus en plus juvénile, de plus en plus volumineuse, de plus en plus violente.
Quelles causes ?
Un désinvestissement du rôle éducatif familial ?

Le choc des précarités confrontées aux messages incessants d'une société de consommation où le luxe d'une tenue, le prix d'une paire de baskets ont pris valeur de référence morale ?
La progression monstrueuse de l'hydre des réseaux de trafic de stupéfiants, venant cueillir dans l'adolescence en souffrance une main-d'œuvre d'autant plus facile qu'elle est jeune et fragile ?
L'insuffisance des moyens de prévention ?

Les analyses sociologiques et politiques sont l'objet d'un autre débat, et n'ont pas leur place dans la présente approche juridique, mais force est de constater que le législateur semble avoir saisi l'urgence d'une réponse pénale mieux adaptée, tentée dans la réforme du 26 février 2021.

Nos premières analyses sont prudentes, et n'ont pas encore acquis le recul nécessaire que la pratique apportera.

Cependant, le principe de continuité de l'action des intervenants de la chaîne judiciaire semble s'imposer et s'inscrire dans une approche qui se veut novatrice, synchronisée et organisée autour de la personnalité du mineur, élargissant enfin la stricte perception procédurale de l'acte infractionnel.

Le droit pénal des mineurs apporte ainsi une pratique spécifique et intelligente, unique dans le monde judiciaire, en ce qu'elle amène les praticiens - Services de police enquêteurs - Parquet spécifique Mineurs-Avocats - Éducateurs spécialisés - Juges d'instruction - Juges aux Affaires Familiales-Juges des Enfants - à une collaboration étroite et continue, chacun poursuivant dans sa spécialité le but unique et commun d'une protection de l'enfant, son intérêt légitime, tout en apportant une réponse pénale obligatoire, garante de nos institutions.
Ainsi, se trouvent préservés la pensée originelle du législateur et les principes fondateurs de l'ordonnance du 02 février 1945 …

Le regard et la parole du psychiatre

Anne NOUALLET-BROSSAULT
Psychiatre, expert près la Cour d'Appel d'Aix en Provence,
Diplôme de criminologie Université Paris-Descartes, et de criminologie renforcée UT Capitole

Propos recueillis le 3 décembre 2021.

Je viens ici pour apporter le regard et la parole du psychiatre. Il est un peu difficile d'accepter d'intervenir dans un domaine de compétence qui n'est pas le vôtre, même si de fait, en tant qu'expert, je suis bien obligée de « côtoyer » la justice des mineurs.
La première question que je me suis posée était de savoir si je devais intervenir en tant que psychiatre ou en tant qu'expert ? Les deux champs ne sont pas les mêmes. En tant que psychiatre, je suis d'abord un soignant et je dois m'interroger sur le mineur que j'ai en face de moi : qui est-il ? Dans quelle situation est-il ? Que signifie le passage à l'acte ?
Or d'emblée, je peux vous dire que le passage à l'acte est assez rarement nourri d'une vraie pathologie psychiatrique. Il pourra témoigner d'une souffrance, même s'il faut se garder d'un certain angélisme et ne pas avoir non plus un regard trop naïf sur certains de nos jeunes délinquants dont le parcours de délinquance est, pourrait-on dire, plus « enkysté ».
Cela étant, des moments de vie, des moments de souffrance que l'on croise tous les uns et les autres, en tant qu'adultes, vont possiblement chez ces « ados » s'extérioriser à travers un passage à l'acte. Par exemple, la dépression (ou un moment dépressif, sans même parler de pathologique psychiatrique caractérisée - le jeune ne va pas pleurer, ne va pas exprimer d'idée suicidaire) va conduire certains à manifester de l'agressivité, à passer à l'acte, etc. ...
S'ajoute, bien évidemment aussi, le contexte particulier de l'adolescence qui coïncide avec le moment de devoir quitter ses parents - mais encore faut-il, pour les quitter avoir bénéficié d'un milieu familial stable, ce qui, parfois, fait difficulté .... Quitter un milieu - et c'est normal - suppose la confrontation, parfois dans les heurs et la difficulté. Toujours est-il qu'à l'adolescence, on a besoin de s'identifier et c'est là toute l'importance et le rôle dévolu au père ; père qui malheureusement en son absence et par défaut, prend le visage de la bande, laquelle n'est pas forcément la meilleure référence en termes

d'identification pour nos jeunes en devenir qui, en même temps, sont en difficulté dans la plupart des parcours scolaires. Dans ce système à trois entre le père, l'école et la famille, on voit bien qu'il y a déjà deux jambes cassées ou branlantes et tenir sur un seul pied est dangereux surtout s'il prend appui sur un milieu délinquant.
En tant que médecin, je voudrais ajouter, ainsi qu'il l'a été rappelé, que les mineurs délinquants sont des mineurs en danger. Effectivement, les mineurs délinquants condamnés ont un pronostic de vie qui fait peur puisqu'il est largement diminué ainsi que le démontre notamment une étude réalisée à l'échelle nationale en Finlande de la mortalité des jeunes délinquants condamnés à une peine de prison entre 1984 et 2000 et âgés de 15 à 21 ans lorsque les actes ont été commis[1].

Le psychiatre, médecin, vous propose maintenant pour rappeler qui sont ces jeunes qui sont l'objet de discussions, d'écouter la parole de ces mineurs délinquants. Certains de leurs témoignages sont accessibles sur le net. Je pense en particulier à ceux recueillis grâce à la mise en place d'ateliers organisés par Madame Dominique Legenne à l'intérieur du centre éducatif fermé de Brignoles. Trois d'entre eux illustreront nos propos.
Le premier témoignage est celui d'un jeune qui vient juste d'arriver au centre éducatif fermé2. Il décrète qu'il ne va pas s'en sortir et qu'il va continuer... puis il parle de sa mère, qui semble être son seul repère : *« Si j'arrête, c'est pour elle »* dit-il dans un premier temps, avant de se « ressaisir », laissant entendre ensuite qu'il veut « continuer » parce que la délinquance lui permet d'obtenir facilement de l'argent... Il reste néanmoins constructif en projetant de saisir la possibilité qui lui est donnée *« de reprendre un peu des études au cas où... »*. Ce témoignage révèle aussi la façon dont se positionnent certains jeunes lorsqu'ils sont confrontés à cette espèce de bipolarité qui en réponse à leurs actes oppose la sanction à l'éducation, ce qui, à mon avis, est un non-sens.
Le discours[3] d'un autre jeune rapporte son parcours : s'il est délinquant, nous dit-il, ce n'est pas *« pour être voyou »,* c'est pour avoir de l'argent... » A cinq ans, ajoute-t-il, il ne savait pas ce qu'était le mot

1 - Eila S. Sailas et al The mortality of young offenders sentenced to prison; European Journal of Public Health, 2005, Vol. 16, No. 2, 193–197
[2] Référence vidéo :
https://www.pole-images-region-sud.org/ressources/IMG/mp4/Extrait_L_Alternative_I.mp4
[3] Référence vidéo :
https://www.pole-images-region-sud.org/ressources/IMG/mp4/Compil_extraits_II.mp4

drogue. À dix ans, il commence à aller dans la rue, ce qui révèle la précocité avec laquelle ce jeune s'est trouvé livré à lui-même et de décliner à 13, 15 et 16 ans ainsi le parcours quasi inéluctable qui l'a conduit à la délinquance...

Il est un dernier témoignage que je voudrais évoquer où un mineur parle de la peur qui l'assaille en permanence, de la violence à laquelle il est confronté *: « toujours se cacher par peur de finir kalacher »* et qui dans la foulée constate : *« une famille ça a l'air de rien, mais je te jure que t'en as besoin »* ...

Le psychiatre rappelle enfin que si le passage à l'acte d'un adolescent peut être souvent le reflet d'une souffrance psychique, il ne signe qu'assez rarement l'entrée dans une pathologie psychiatrique caractérisée ; en revanche si le passage à l'acte interpelle par certaines caractéristiques (bizarrerie, absurdité, démesure, rationalisation morbide…) il est alors fondamental d'éliminer l'entrée dans un processus notamment psychotique.

L'autre regard est celui de l'expert. Il intervient assez peu à la demande du juge pour enfant, mais souvent, en préliminaire, à la demande du Parquet, notamment, dans les affaires d'agressions sexuelles. Il est amené à se prononcer sur la question de la responsabilité, au même titre d'ailleurs que s'il avait affaire à un adulte, ce qui peut être interpellant. En revanche, je n'ai jamais été sollicitée en tant qu'expert, malgré ma qualification de pédopsy, au stade postsentenciel, ce qui me paraît assez paradoxal à l'heure où on ne cesse de se poser la question de la récidive du mineur. Comment se fait-il que l'on ne nous interroge pas en postsentenciel, sur l'intérêt d'un suivi ? Cela peut-il dire que le suivi est systématique pour ces enfants ? (Au risque alors de le banaliser…) Comment vont-ils l'investir ? Est-ce que ça veut dire que les psychiatres n'ont pas de rôle à jouer à ce stade ? Mais, soyons lucides, un diagnostic est difficile à poser en une heure trente d'entretien alors même qu'on est dans la tourmente de l'adolescence… Pour faire un examen clinique cohérent, il faudrait qu'il soit synchronique afin de permettre de recueillir la parole des parents, des éducateurs …- ce qu'on n'a évidemment jamais. Il faudrait aussi qu'il soit diachronique, parce que c'est aussi l'évolution qui va éventuellement laisser présupposer l'installation d'une pathologie psychiatrique.

En matière de justice pénale l'expert psychiatre doit répondre à la question sur le discernement dans le cadre de l'art 122-1 alinéa 2 du CP. Le discernement est évalué au regard de l'existence ou non d'une anomalie psychique ou neuropsychique qui viendrait l'altérer au moment des faits reprochés. Il est à rapprocher donc d'une dimension pathologique caractérisée.

Peut être posée aussi à l 'expert psychiatre la question de l'appréciation des capacités de discernement du mineur non plus forcément en lien avec une pathologie caractérisée, mais éventuellement en rapport avec des traits de maturité ou de personnalité, au regard des carences potentielles, etc. Le rôle de l'expert est alors d'apporter au juge des éléments pour lui permettre d'évaluer si le mineur est capable de discernement au sens du nouveau code de la justice des mineurs (l'article L. 11-1 du CJPM).

Ce coup de projecteur mis sur la notion de discernement dans la nouvelle justice pénale des mineurs interpelle - je pense notamment aux affaires d'agressions sexuelles, puisqu'il me semble que l'expert est de plus en plus interpellé sur ces questions ; mineur qui sait, intellectuellement, qu'il y a un interdit, mais qui n'a pas du tout conscience de la gravité de l'acte qu'il pose. J'entends par là, la situation d'un mineur de souvent douze, treize ans, qui a regardé des vidéos pornographiques, qui a vu des choses qu'il comprend plus ou moins, qui a donc bien perçu que c'était de l'ordre de la sexualité, qui a envie de voir « ce que ça fait » et qui va, pas forcément d'ailleurs dans la violence, avec un copain, un frère ou une sœur plus jeune, reproduire ce qu'il a vu. Ce sont des situations tout à fait classiques. On peut s'apercevoir d'une déconnexion complète entre une connaissance un peu intellectuelle de l'interdit, de la notion du bien et du mal, et de ce que sous-tend la notion la relation sexuelle.
Prenons l'exemple aussi de ces ados ou en général, la mineure avec lequel cet adolescent va avoir une relation sexuelle, va paraître y consentir, du moins c'est ainsi qu'il peut l'interpréter, puis porter plainte quelque temps après, alors même qu'au moment des faits elle n'aura pas forcément explicité un refus. Elle pourra sembler avoir été consentante, voir accepter l'acte, mais découvrir après coup, une dimension qu'elle n'avait probablement pas du tout anticipée ni appréhendée et qui, sous le coup d'un sentiment de malaise et d'angoisse, va la conduire à déposer plainte.
Cette notion de discernement doit donc être envisagée avec prudence tant est patente l'immaturité - après tout normale – de ces jeunes. En définitive, je trouve qu'on veut aller trop vite et qu'on ne donne pas

autant de temps au temps, que beaucoup de mineurs délinquants, sans même parler de ces mineurs des bandes organisées, mais de mineurs « en collège », issus d'une famille « normale », dont le climat n'est pas forcément défavorisé, n'ont pas la maturité affective pour comprendre la portée de leur acte, parce qu'incapables de filtrer les sommes d'informations véhiculées par l'internet, les réseaux sociaux dont les accès à mon avis nécessiteraient d'être beaucoup plus surveillés qu'ils ne le sont.
Au-delà du discernement, la déclaration de culpabilité en présence des parents dans les trois mois, me paraît effectivement très importante. Un jeune au stade de l'adolescence passe très vite à autre chose. Lorsque je vois des adolescents en expertise, les faits peuvent remonter à six mois, voire un an auparavant. Il faut donc aller vite, sans pour autant faire n'importe quoi. On est tous d'accord là-dessus.

La déclaration de culpabilité est prévue en présence des parents. C'est une façon de repositionner le couple parental en tant que responsable du mineur, mais se pose en filigrane la réalité de sa capacité à assumer cette parentalité…
Sur la culpabilité en elle-même, le mineur auteur peut donner l'impression d'être tout puissant (toute-puissance de l'adolescence), de se moquer de tout, de manquer d'affect. Certains mineurs sont du mal à sortir de cette posture (fanfaronnade), ce qui ne témoigne pas forcément de « perversion », mais est simplement le reflet de leur incapacité à délaisser un fonctionnement qui leur a permis une appartenance, une identification (je pense au phénomène des bandes), pour une alternative où ils ne trouvent pas grand-chose en échange si ce n'est une famille défaillante et une situation d'échec scolaire.
Ce qui peut passer dans un premier temps pour de l'arrogance ou un manque d'empathie peut être aussi l'expression d'une lutte contre la dépression où l'on aurait tort de poser des diagnostics trop rapides de psychopathes au prétexte qu'il n'aurait exprimé aucun affect.
Certes, une partie des adolescents qui n'expriment aucun affect va pouvoir peut-être se structurer sur un mode psychopathique et il faudrait pouvoir d'une certaine façon les identifier. Ça ne veut pas dire les stigmatiser, mais quand même ne pas porter sur eux un regard angélique. Il y en a certains qui vont devenir des gens dangereux, mais heureusement c'est une infime minorité.
S'agissant de la mise à l'épreuve éducative, la période de six à neuf mois me paraît bien. Il importe de se donner le temps. Encore une fois,

l'expert psychiatre n'y a pas tellement sa place, pour l'instant en tout cas. La réforme qui est aujourd'hui commentée pose, semble-t-il, moins une question de temps que de moyens. Je ne suis pas, en tant qu'expert, en situation de dire s'il y a assez de temps pour faire une évaluation correcte ou pas en six mois ou neuf mois. Pour les adolescents, je pense qu'effectivement la temporalité fait que plus on va vite mieux c'est. Encore faut-il avoir les moyens d'aller vite. La situation est la même que celle qui donne lieu à débat actuellement sur l'allongement du délai d'IVG de douze à quatorze semaines. C'est mieux de le faire à douze, encore faut-il qu'on puisse répondre à toutes les femmes qui veulent le faire à douze. On est ici exactement dans la même configuration.

Ce qui me semble important c'est de sortir de cette opposition répression/éducation - qui fait toujours débat, depuis 1880, depuis la création de la colonie de Belle-Île-en-Mer, même si, avec l'ordonnance de 1945, on est passé du répressif - ou plus exactement du bagne tellement la vie dans la colonie était infernale - à l'éducatif… pas vraiment par bienveillance, mais parce qu'il fallait sauvegarder les enfants qui restaient après la guerre. Après 45, on a eu à nouveau des mouvements répressifs avant de revenir à l'éducatif. Si l'éducatif n'est pas mon domaine, la sanction, selon ce que j'ai entendu de certains jeunes, peut donner un coup d'arrêt. Certains sont effectivement allés en détention, en particulier à la Valentine, pas longtemps, et pourtant, ce moment a été l'occasion d'une prise de conscience. Sans prêcher d'aucune manière pour la détention, celle-ci, pour certains jeunes qu'il faudrait savoir identifier, leur donne le sentiment il y a quelque chose qui tombe où la toute-puissance est terminée. C'est un peu dommage d'en arriver là, mais c'est une façon pour certains, l'occasion pourrait-on dire, de « toucher le fond de la piscine pour taper du pied et rebondir ».

Enfin le nouveau code de la justice des mineurs redonne une place plus centralisée aux victimes.
Sortir de cette bipolarité sanction/éducation pourrait permettre de faire place à la justice dite restaurative qui, pour les mineurs, serait de nature à leur apporter de la maturité. Ce qui leur manque, justement, c'est cette dimension de la conscience de l'Autre qu'ils n'ont pas (aussi du fait de carence affective, éducative…) Cependant, il faut sortir de l'angélisme du mineur délinquant, car victime. Il y a des mineurs qui ne sont pas uniquement victimes et qui ont une structure de personnalité

inquiétante. En revanche, la plupart ont tout simplement besoin d'une aide (pluridisciplinaire), de repères …voir d'un cadre ferme pour sortir de la spirale dans laquelle ils s'inscrivent.

La mise en œuvre des mesures prises par le juge des enfants

Laurence LANATA
Directrice territoriale des services de la protection judiciaire de la jeunesse du Var

Pour commencer, il est important que vous puissiez avoir des éléments sur les services éducatifs de la protection judiciaire de la jeunesse du Var que je représente aujourd'hui.

La PJJ du Var est composée d'une direction territoriale en charge du pilotage des services et du partenariat politiques publiques ainsi que des relations avec les magistrats, la direction de la protection de l'enfance et les associations notamment habilitées justice. Ce sont 8 unités pour les mineurs sous mandat judiciaire principalement dans un cadre pénal : 3 foyers, dont un centre éducatif fermé, 4 unités d'éducateurs qui interviennent à domicile et enfin 1 unité d'accueil de jour.

La PJJ du Var prend en charge entre 1600 en 2018, à 1400 en 2020 mineurs.
- 95% sont suivis par les services de milieu ouvert,
- 5% sont placés dans un établissement de la PJJ ou du secteur associatif habilité.

On compte parmi ces jeunes de 13 à 21 ans, 17% de filles.
La majorité de ces jeunes ont entre 16 et 18 ans.

L'objet de mon intervention est bien, à mon sens, de vous exposer les éventuels changements de paradigme de la justice pénale des mineurs en l'état du CJPM, dans les pratiques de la PJJ.

Mon intervention se compose en deux parties :

En effet, j'ai souhaité dans une première partie, vous rappeler les missions de la protection judiciaire de la jeunesse qui sont confirmées dans le CJPM (I). Dans une seconde partie, j'apporterai une analyse partagée avec les directeurs et les équipes éducatives, au regard des enjeux dans la mise en œuvre des missions éducatives et de ce que le CJPM entend garder de l'esprit de l'ordonnance du 2 février 1945, c'est-à-dire la primauté de l'éducatif sur le répressif.

I. Le renforcement des grands principes applicables aux mineurs conforte les missions éducatives de la protection judiciaire de la jeunesse

Le peu de recul, c'est-à-dire deux mois, ne permet pas de tirer des conclusions, mais de dessiner, autant que faire se peut, les possibles impacts de la réforme sur les accompagnements éducatifs.

A. Rappel de la définition de la mission éducative à la PJJ

Le CJPM s'inscrit dans la continuité de l'ordonnance du 2 février 1945 et rappelle, en les renforçant, les grands principes applicables aux mineurs. Il précise que les décisions prises à l'égard des mineurs tendent à leur relèvement éducatif et moral, à prévenir la récidive, et à protéger l'intérêt des mineurs (art. L 11-2).

La mission éducative en milieu ouvert est exercée dans le cadre de la mise en œuvre des alternatives aux poursuites et de la composition pénale, des mesures d'investigation, des mesures éducatives, des mesures de sûreté, des peines ou aménagements de peines prononcés par les juridictions.

Il est donc important de rappeler que, quelle que soit la mesure judiciaire pénale prononcée, la prise en charge sera éducative, il s'agit de l'essence même des missions et des métiers des équipes pluridisciplinaires de la PJJ.
En effet, le référentiel des mesures issues de la réforme rappelle que la prise en charge éducative en milieu ouvert consiste à évaluer la situation personnelle, familiale et sociale du jeune et à l'accompagner dans son évolution.
Elle se réalise dans un cadre pluridisciplinaire, en lien avec les représentants légaux lorsque le jeune est mineur et en partenariat avec les autres institutions et/ou acteurs concourant à la prise en charge. Elle prend en compte les réseaux de socialisation du jeune.
Quelle que soit la mesure donnant lieu à la prise en charge en milieu ouvert, celle-ci a une visée éducative.
Il s'agit notamment :
- d'accompagner le jeune dans la compréhension de l'acte commis et de la décision judiciaire,

- de favoriser son inscription dans un processus de responsabilisation et de prise en compte de la victime,
- de prendre en compte l'évolution de sa situation personnelle, familiale, sociale, scolaire, professionnelle et sanitaire,
- de préparer les audiences.

Le suivi éducatif vise également à orienter ou réorienter le jeune vers les dispositifs de droit commun en vue de la fin de la prise en charge. Les services territoriaux éducatifs de milieu ouvert/ et d'insertion (STEMO/I) mettent en œuvre l'ensemble des mesures précitées, tandis que les services du secteur associatif habilité (SAH) peuvent uniquement exercer les mesures alternatives aux poursuites et de composition pénale, les mesures judiciaires d'investigation éducative (MJIE) et les modules de la mesure éducative judiciaire (MEJ/P).

Quelques données d'activité entre le 30 septembre 2021, date de l'entrée en vigueur du CJPM et le 30 novembre : nous avons reçu dans les STEMO (nombre de mesures pénales) autant de mesures parquet que de mesures des JE.
Ce que l'on peut noter, c'est un équilibre entre les décisions du parquet et celles du juge des enfants : sur l'ensemble du territoire, 29 MEJ (P ou pas) et 29 alternatives aux poursuites.
Cet équilibre semble traduire la volonté de maintenir une recherche de la graduation des réponses pénales à la délinquance des mineurs, du primodélinquant au mineur réitérant, voire récidiviste, par les tribunaux.

Les primodélinquants pour des infractions de faibles gravités font l'objet d'une réponse éducative qui se traduit souvent par des mesures parquet en alternative aux poursuites.

Dans ces mesures alternatives, la PJJ entend privilégier les mesures de réparation qui sont mises en œuvre dans un accompagnement éducatif. Les autres mesures telles que les stages de citoyenneté ou de sensibilisation aux produits stupéfiants sont mises en place sur un temps plus court et peuvent produire moins d'effets.

Pour autant, la consécration d'une mesure unique, la MEJP peut être prononcée à tous les stades de la procédure par les juges des enfants ou juges d'instruction : lors du déferrement, de l'audience de culpabilité ou de l'audience de sanction (MEJ)

Nos professionnels portaient des inquiétudes dans la traduction sur le terrain, au regard des impératifs que nous assignent implicitement ou expressément la réforme codifiée : quelle place de l'éducatif dans cette réforme ?

B. L'accompagnement auprès des services éducatifs des deux grands changements qui impactent la mise en œuvre des mesures

1) La procédure de mise à l'épreuve éducative :

- Nouvelle temporalité qui est une contrainte, mais aussi un levier : en effet, la réactivité de l'intervention éducative apporte de la visibilité sur la durée des mesures, avec la possibilité de se projeter, à condition de savoir structurer et évaluer de façon continue l'action éducative. Elle permet de travailler davantage sur la place de la victime qui peut être représentée à l'audience de culpabilité qui se déroulera entre 10 jours à 3 mois suivants l'infraction.
- Cela suppose de la part des cadres et des éducateurs, une vigilance et une organisation efficace sur le suivi des écrits et notamment des RRSE. Évaluer une situation en une journée pour établir un RRSE lors d'un déferrement et proposer une alternative à la détention (obligation de la PJJ) ou effectuer un RRSE préalable à une audience de culpabilité n'est pas le même travail et nécessite des évolutions de la part de la PJJ, notamment en termes de moyens. Les PEAT ne peuvent pas faire tous les RRSE et il faut au moins un délai de 2 mois pour rencontrer le jeune et sa famille, recueillir des éléments des partenaires, sous peine de rapport de carence et que le juge n'ait pas les éléments requis lors de l'audience en examen de culpabilité pour éclairer sa décision.
- Une décision précoce sur la culpabilité qui vient au soutien d'un travail sur la responsabilisation, puis un basculement de l'action éducative dans la phase post-sentencielle, « culture » de l'action éducative dans le cadre de la peine à s'approprier.

2) La mesure éducative unique/les modules :

MEJ = « mandat global » qui suppose d'appréhender chaque situation de façon globale, et non plus avec un mandat précis, et qui permet aux éducateurs d'être davantage une force de proposition. Une approche systémique permet d'intervenir sur les causes de la délinquance pour éviter la récidive, par un accompagnement individualisé et des actions collectives.

- Repositionne la PJJ dans la relation au magistrat mandant comme experte des situations éducatives.
- Suppose un renforcement de la méthodologie d'évaluation (cf. nouveau référentiel) et de l'action éducative.
- Le travail sur le contenu des modules comme levier d'une redynamisation du partenariat : il reste un long travail pour développer les dispositifs santé en lien avec l'ARS et la pédopsychiatrie notamment pour les obligations de soins ou pour des prises en charge séquentielles pour des mineurs souffrant de handicap et de troubles du comportement les amenant à des actes de violence.

Les services éducatifs, tout au long du parcours du mineur, proposent aux magistrats de décider d'un module pour renforcer sur un champ spécifique l'accompagnement.

Ainsi, l'accompagnement du changement de cadre légal pour les directions territoriales a dû associer la formation sur les nouvelles procédures en y incluant des réflexions sur le sens éducatif et la place de l'éducateur.

Ses réflexions nous ont conduits à nous accorder sur un point : il est nécessaire de décliner le principe de primauté de l'éducatif dans le maintien de la dialectique du judiciaire et de l'éducatif.

II. De la dialectique du judiciaire et de l'éducatif, l'enjeu pour les services éducatifs de la protection judiciaire de la jeunesse de maintenir la primauté de l'éducatif sur le répressif

A. La réforme ne change pas la pratique quotidienne des services éducatifs, car elle s'inscrit dans la continuité d'orientations antérieures : continuité des parcours, et adaptabilité...

Les éducateurs de la PJJ exercent dans un cadre judiciaire, mais leur cœur de métier est bien l'accompagnement éducatif et social, il convient de le rappeler.
L'un des principaux enjeux est de porter l'action éducative au cœur des prises en charge.

L'Art 241-1 du CJPM précise que la mise en œuvre des décisions de justice est confiée aux services et établissements de la PJJ, et dans les cas expressément visés, aux services et établissements de la protection judiciaire du secteur associatif habilité.

De la dialectique du judiciaire et de l'éducatif... le risque pourrait-il d'aller vers l'opposition de l'éducatif au judiciaire, par une accélération des procédures qui ne laisserait plus le temps au mineur d'évoluer et à l'éducateur de tisser une relation de confiance avec lui et sa famille ?

L'enjeu pour la PJJ est de maintenir une intervention éducative qui trouve toute sa place dans cette césure du procès pénal.

La recherche du sens à la sanction est primordiale, mais elle a pour corollaire une réelle attention à l'âge et la spécificité de l'adolescence. Le respect de l'accompagnement éducatif est de considérer qu'il permet au mineur de prendre conscience de la responsabilité et des conséquences de son acte.

C'est un accompagnement global qui vise à évaluer l'environnement familial, social et économique du jeune en lien avec les partenaires institutionnels - éducation nationale, sa santé, son parcours dans la protection de l'enfance.

L'éducateur de la PJJ doit s'approprier le temps dont il dispose pour, dans son intervention, produire les effets éducatifs et sociaux au bénéfice des jeunes qui lui sont confiés. Tisser une relation avec un adolescent n'est pas toujours simple, notamment quand l'éducateur fait partie de l'institution de la justice.
Nous accompagnons dans ce sens le décloisonnement des institutions porté par les grandes orientations en 2006 et 2016 des lois de protection de l'enfance pour les mineurs les plus vulnérables.
La perméabilité de ce métier avec d'autres secteurs comme celui de la scolarité, de la formation, de la santé est essentielle. Les pratiques de doubles dossiers ASE/PJJ portés par les magistrats sont très appréciées, car elles forcent les institutions à travailler leurs articulations autour du projet du mineur.

Nous défendons à chaque étape le principe d'éducabilité, à travers aussi la possible réversibilité d'un parcours institutionnel, notamment quand le mineur a été placé très jeune à l'ASE.
Un mineur qui a commis des actes délictueux dans son parcours ASE et qui est jugé, qui n'a plus commis d'infractions, a sa place dans la société et de surcroît à l'ASE, quand il n'a pas de ressources familiales.

B. Le maintien du temps de l'évaluation continue de l'évolution de la personnalité du mineur, dans son environnement, pour adapter un projet individualisé, et solliciter le renforcement de l'accompagnement éducatif en lien avec les décisions judiciaires

Le juge peut prononcer tout le temps de la MEJP ou de la MEJ des modules en fonction des propositions des éducateurs en tenant compte du parcours du mineur : module placement s'il convient de le protéger de sa famille, de son réseau, ou de protéger la victime, module insertion si le mineur ne se mobilise pas sur un projet d'insertion, module santé s'il relève de soins notamment en matière de conduites addictives, module réparation (envers la victime ou envers la société).
Elle devient **la mesure éducative par excellence et unique**, qui va s'inscrire dans le temps.
En effet, rappelons-le, seul le temps judiciaire est ici raccourci, et non le temps éducatif qui garde toute sa place.
La mesure unique (MEJ) permet une période de mise à l'épreuve éducative avant jugement puis une continuité de la mesure après jugement qui s'inscrit dans la prise en compte de la spécificité de la

personnalité d'un adolescent, qui n'est pas un adulte, mais un sujet en devenir.

L'éducation prend du temps, pour accompagner le mineur vers son autonomie et promouvoir son éducation à la citoyenneté, au vivre ensemble.
Il y a aussi la question du travail avec la famille, parfois compliqué, et qui demande également du temps.

En réalité, il semble que le CJPM nous invite à penser surtout autrement le temps de notre intervention, mais aussi l'articulation entre les temps judiciaires et éducatifs, et plus largement la dialectique entre l'expertise éducative et la décision judiciaire.

On peut y voir une formidable opportunité de revivifier cette dialectique, et peut-être de la renforcer… c'est ce que je souhaite…

LA RÉPARATION DÉPERSONNALISÉE

De la chance au risque : la césure du procès

Pascal OUDOT
Maître de conférences, Faculté de droit de Toulon, CERC (EA 3164)

Tel l'alexandrin coupé en deux hémistiches, la césure est à la croisée de deux orientations prises par le procès pénal, celle qui mène à la sanction et celle qui mène à la réparation. Elle devient, ainsi, le lieu d'un questionnement sur la complémentarité des responsabilités pénale et civile en réponse à la mission éducative développée par la justice pénale des mineurs.

1. Le procès pénal du mineur au rythme de la césure. - La césure du procès est présentée comme étant l'une des mesures les plus saillantes de la réforme de la justice pénale des mineurs introduite par l'ordonnance n° 2019-950 du 11 septembre 2019, portant partie législative du Code de la justice pénale des mineurs, ratifiée par la loi n° 2021-218 du 6 février 2021. Elle conduit à fragmenter le procès pénal en deux audiences séparées par un délai, l'une sur la culpabilité du délinquant et, le cas échéant, sur les réparations à accorder à la victime, l'autre sur la nature de la sanction infligée (mesure éducative ou peine). En ce sens, elle contredit le principe classique en droit pénal, de l'indivisibilité de la sentence, selon lequel le juge ne peut dissocier dans le temps les décisions sur la culpabilité et sur la sanction. Pour autant, le mécanisme procédural de la césure n'est pas nouveau. Il est bien connu en matière civile, notamment depuis le décret du 13 octobre 1965 séparant la phase préparatoire avec l'audience de la mise en état de la phase décisoire avec l'audience des plaidoiries[1]. Il n'est pas inédit non plus en droit pénal des majeurs, sous la forme de la dispense de peine et de l'ajournement de peine, introduits par la loi n° 75-624 du 11 juillet 1975. Bien que resté à l'état confidentiel, il est plus répandu encore en droit pénal des mineurs qui, dès l'ordonnance n° 45-174 du 2 février 1945 avait ouvert la possibilité du sursis avec mise à l'épreuve, et qui surtout, depuis la loi n° 2011-939 du 10 août 2011, en avait largement étendu l'application, mais en lui donnant une portée

[1] M. DOUCHY-OUDOT, La scission des phases de l'instance : la mise en état, *in De code en code*, Mél. G. Wiederkehr, 2009, Dalloz, p. 233.

facultative[2]. Là est sans doute la raison de son insuccès auprès des juges, chez les mineurs comme chez les majeurs, privés du temps et des moyens nécessaires à sa bonne mise en œuvre. La volonté marquée du législateur de l'imposer malgré tout, en l'intégrant dans la procédure de droit commun du procès pénal du mineur, mérite attention en contemplation du récent rapport Ghaleh-Marzban réalisé au début de cette année, qui le retient parmi les moyens susceptibles de réduire les délais de jugement[3]. Au-delà d'un simple aspect expérimental, la césure du procès pénal des mineurs pourrait préfigurer le droit de demain. Au civil comme au pénal, la césure amène à reconsidérer l'utilité laissée au temps dans le procès, dont la mesure se confronte ici à des exigences *a priori* contradictoires : celles des victimes dans l'attente d'une réponse rapide de la justice, celle du mineur dont le processus de maturation s'inscrit dans la durée. Ce temps, laissé aux mesures éducatives, est l'essence du droit pénal des mineurs qui offre à ces derniers, mais aussi à la société dont ils portent l'avenir, une chance, une chance partagée, « une chance à saisir ![4] ».

2. La césure à la rencontre de deux paradigmes. - La chance et le risque ont en commun d'évoquer des éventualités, de renvoyer à des incertitudes. Là s'arrête la comparaison. La chance annonce une issue heureuse, favorable, un profit, un gain ; le risque un malheur, un péril, une perte. La justice pénale des mineurs associe l'enfance à la chance, la justice civile à un risque et la césure du procès joint ces deux paradigmes situés aux antipodes, venant se télescoper lors du prononcé sur un même fait. Certes, la chance s'émousse-t-elle depuis l'ordonnance de 1945 qui en préambule, l'évoquait par une formule rayonnante : « *La France n'est pas assez riche d'enfants pour qu'elle ait le droit de négliger tout ce qui peut en faire des êtres sains* ». À l'heure de la reconstruction et de la prospérité, la jeunesse délinquante restait un atout qui lui vaudra une « charte[5] », élaborée dans

---

[2] Pour une recension des textes recourant au procédé de la césure dans le contentieux pénal des mineurs : Rapport d'information sur la justice des mineurs présenté par Jean Terlier et Mme Cécile Untermaier, 20 février 2019, AN, n° 1702.

[3] Min. Justice, rapp. Ghaleh-Marzban, 31 mars 2021, présenté le 3 mai 2021. G. Deharo, Gestion des flux et stocks d'affaires, JCP, G, 2021, 602.

[4] C. SAAS, La césure du procès pénal pour les mineurs : une chance à saisir !, Gaz. Pal., 13 janv. 2009, p. 4.

[5] V.R. MERLE et A. VITU, Droit pénal général, Cujas, n° 630.

le sillage protecteur des mineurs tracé dès avant-guerre[6], dont les principes trouveront écho avec le courant de la nouvelle défense sociale porté par Marc Ancel[7]. Il paraissait acquis que l'éducatif prime sur la peine, sous la protection de principes fondamentaux dégagés par le Conseil constitutionnel[8]. Or à partir des années 70, la crise économique et le chômage annonçant le déclin de l'Etat-Providence ont sensiblement modifié le regard porté sur l'enfance délinquante perçue plutôt qu'une chance, comme un risque social[9]. Le durcissement du droit pénal des mineurs à l'orée du 21e siècle en atteste[10], tout comme la radicalisation simultanée du droit de la responsabilité civile du fait des enfants, objectivée à des fins indemnitaires[11]. Selon l'avocat général Kessous, « *un parent qui a des enfants est aujourd'hui un aventurier qui prend des risques* » ; risques créés et assumés au vu des moyens qui sont désormais reconnus pour éviter la vie. La consécration de la césure du procès pénal suscite d'autant plus l'intérêt que ce mécanisme procédural s'inscrit dans le sillage de la défense sociale nouvelle. Du reste, la césure avait-elle été clairement préconisée tant par la commission Martaguet en 1983 que par la commission Varinard en 2008. De là, le soin apporté à vérifier si les conditions de sa mise en œuvre - en particulier matérielles, la justice pénale des mineurs passant pour sinistrée[12] - sont à la hauteur des exigences qu'elle sous-tend, celles « d'un droit pénal largement imprégné des idées de prévention, de reclassement et d'individualisation[13] » (I). Cette évaluation de la chance dont l'enfance délinquante resterait la promesse, conduit à celle du risque qui fonde la responsabilité civile convoquée par la césure. Privée *de lege lata*, en raison de sa dépersonnalisation à l'extrême,

---

[6] J. J. YVOREL, 1945-1988. Histoire de la justice des mineurs, Eres, Les Cahiers Dynamiques, 2015/2 N° 64, p. 21.

[7] M. ANCEL, La défense sociale nouvelle, 1re éd., Paris, Cujas, 1954.

[8] Conseil constitutionnel, 29 août 2002, n° 86-224 DC, Loi d'orientation et de programmation pour la justice § 26.

[9] C. LAZERGES, La défense sociale nouvelle a 50 ans, L'actualité de la pensée de Marc Ancel, RSC 2005, p. 165.

[10] Loi n° 2002-1138 du 9 septembre 2002 d'orientation et de programmation pour la justice ; Loi n° 2007-1198 du 10 août 2007 renforçant la lutte contre la récidive des majeurs et des mineurs ; Loi n° 2011-939 du 10 août 2011 sur la participation des citoyens au fonctionnement de la justice pénale et le jugement des mineurs.

[11] Notre article, Les responsables de l'enfant, PUAM, 2013, *in* « Lien familial, lien obligationnel, lien social, Livre I - lien familial et lien obligationnel », Collection Inter-normes, E. Putman, J.-P. Agresti et C. Siffrein-Blanc (dir.), p. 167.

[12] C. LAZERGES, Cohérence et incohérences dans l'ordonnance n° 2019-950 du 11 septembre 2019 portant partie législative du code de la justice pénale des mineurs, RSC 2020, p. 175.

[13] M. ANCEL, La césure du procès pénal, précité, p. 212.

d'une quelconque utilité pédagogique dans l'éventualité d'un projet de « resocialisation » du mineur délinquant, la responsabilité civile pourrait réinvestir une fonction éducative *de lege feranda*. Seraient ainsi créées subrepticement, d'une réforme à l'autre, les circonstances d'une nouvelle dynamique entre le pénal et le civil, autour de l'enfant délinquant, à même de contribuer à son « relèvement » (II).

I. La césure dans l'attente de la sanction : le temps laissé à la chance

3. Une chance soumise à l'appréciation du parquet, « maître de l'orientation de la procédure[14] ». - Pour répondre à l'exigence d'impartialité des juridictions et régler le problème qui pouvait résulter du cumul, déclaré inconstitutionnel[15], de la fonction d'instruction et de celle de jugement devant le juge des enfants, le Code de justice pénale des mineurs a supprimé la fonction d'instruction, et corrélativement renforcé le rôle du Parquet. La mise en œuvre, par le passé, de politiques « tolérance zéro », impliquant une systématisation du traitement des infractions en avait fait, au côté du juge des enfants, l'un des acteurs majeurs de la justice des mineurs[16]. Déjà, l'introduction des alternatives aux poursuites lui donnait, en pratique, un pouvoir décisionnel important sur la grande majorité des affaires traitées. Ses prérogatives sont encore élargies avec la césure qui le place en situation d'évaluer, en quelque sorte, la « mise » correspondant à la chance socialement accordée à l'enfant délinquant. La question des moyens mis à sa disposition pour répondre à ses nouvelles missions, tout comme celle de sa spécialisation en rapport à la spécificité du contentieux des mineurs se posent avec d'autant plus d'acuité que son influence sur l'individualisation de la décision les concernant est désormais décisive. Il lui revient d'orienter la procédure vers la voie qui lui paraît la plus opportune : procédure de droit commun, dite encore de mise à l'épreuve

---

[14] R. HEITZ, Procureur de la République près le tribunal judiciaire de Paris, Audition au Sénat, 29 janvier 2020.

[15] Conseil constitutionnel, 8 juillet 2011, n° 2011-147 QPC. Auparavant, CEDH, 24 août 1993, n° 13924/88, Nortier Nortier c/ Pays-Bas ; Crim. 8 nov. 2000, n° 00-80377 ; CEDH 2 mars 2010, Adamkiewicz c/ Pologne, req. N° 54729/00.

[16] - Ministère de la justice, « Justice, délinquance des enfants et des adolescents, état des connaissances », Actes de la journée du 2 février 2015, mai 2015, p. 60.

éducative, avec la césure, ou, éventuellement, audience unique au cours de laquelle seront traitées à la fois la question de la culpabilité et celle de la peine prononcée. Le temps laissé à la chance est abandonné entre les mains du parquet.

A. Le temps refusé aux petits délinquants et aux délinquants récidivistes

4. Les exclus du bénéfice de la césure. - La césure n'est pas systématique, soit que le mineur n'ait pas entamé sa chance, ce qui est le cas de la plupart des primodélinquants ou délinquants initiatiques[17], soit qu'il l'ait perdue, ce qui est le cas des délinquants multirécidivistes. Dans le premier cas, la justice ne dispose que peu de temps à lui consacrer et la solution appartient encore aux parents réinvestis dans leur rôle. Dans le second, la justice n'a plus de temps à lui consacrer et l'urgence d'une réponse pénale commande l'accélération de la procédure.

1) Le temps écourté - ou allégé - des petits délinquants

5. L'inventaire des mesures dont dispose le parquet. - Dans la plupart des situations, le prononcé de mesures éducatives s'avère inutile en raison de la faible gravité de l'infraction commise et le parquet pourra choisir, après avoir tenu compte de la personnalité du mineur et de ses conditions de vie et d'éducation (CJPM, art. L. 421-1), soit de classer sans suite la procédure (CPP, art. 40-1 *in fine*), soit de recourir aux mesures alternatives aux poursuites (CJPM, art. L. 421-1 et L. 422-2), sous réserve, s'agissant d'un mineur de moins de treize ans qu'il soit doté de discernement (CJPM, art. D. 422-2), soit de recourir à la composition pénale si le mineur est âgé d'au moins de treize ans et qu'elle est adaptée à sa personnalité (CJPM, art. L. 422-3).

6. La place des représentants légaux. - Sans qu'il soit nécessaire ici, d'entrer dans le détail de ces mesures[18], il importe néanmoins de souligner à ce stade, l'implication recherchée des représentants légaux du mineur malgré la faible gravité de l'infraction qu'il a pu commettre.

---

[17] Rapport J. Terlier et C. Untermaier, AN, précité, citant Antoine Garapon et Denis Salas, La justice des mineurs : évolution d'un modèle, LGDJ, 1995.

[18] M. DOUCHY-OUDOT, L. SEBAG, Guide des procédures relatives aux mineurs, LexisNexis, 22/23, Fiche 61, p. 373.

Tenus informés des décisions prises à son égard - et ce tout au long de la procédure (CJPM, art. L. 12-5, D. 311-1) - ils sont invités, si besoin sous la contrainte, à contribuer activement à sa reprise en main et à son redressement pour prévenir tout retour à la délinquance. Non seulement ils sont titulaires de droits - à l'accompagnement du mineur, à être associés au suivi éducatif, de donner leur accord à certaines mesures, en particulier lorsque le procureur de la République recourt à la composition pénale (CJPM, art. L. 422-4 al. 2, 3) - mais qu'ils sont aussi soumis à des obligations strictes, telles que celle de répondre à la convocation du procureur de la République, lorsque ce dernier recourt aux mesures alternatives aux poursuites, sous peine d'amende ou de devoir accomplir un stage de responsabilité parentale (CJPM, art. L. 311-5).

7. La mansuétude du juge des enfants ou du tribunal pour enfants lors de l'audience unique (CJPM, art. L. 521-2) - A défaut d'avoir été accordée par le parquet qui a pu l'estimer socialement compromise, la chance peut être rachetée par le juge des enfants (CJPM, art. L. 423-4, alinéa 1er) ou à certaines conditions par le tribunal pour enfants (CJPM, art. L. 423-4, alinéa 2) saisis par le procureur de la République aux fins de jugement du mineur selon la procédure de mise à l'épreuve éducative. Dans les 10 jours à 3 mois après la délivrance de la convocation par le procureur de la République, le juge des enfants ou le tribunal pour enfants peut, lors de l'audience d'examen de la culpabilité, statuer en audience unique à la double condition légale de s'estimer suffisamment informé sur la personnalité du mineur et ne pas considérer nécessaire l'ouverture d'une période éducative (CIPM, art. L. 521-2, alinéa 1er). L'audience unique peut concerner un mineur connu de la justice et déjà soumis à une mesure éducative. S'agit-il d'un garde-fou pour contrebalancer les pouvoirs désormais dévolus au parquet ? : elle peut aussi être choisie lorsqu'un mineur répond d'actes peu graves ne nécessitant pas la mise en place de mesures d'accompagnement. Cette voie procédurale est distincte de l'audience unique du Tribunal pour enfants statuant sur saisine par le procureur de la République (CJPM, art. L. 423-4, alinéa 3) ou sur ordonnance de renvoi du juge d'instruction (CJPM, art. L. 521-26).

2) Le temps consumé des délinquants récidivistes

8. Le caractère exceptionnel de l'audience unique (CJPM, art. L. 423-4, alinéa 3). - L'audience unique peut être décidée à l'audience, par le juge des enfants ou par le tribunal des enfants, lorsque le mineur connaît des antécédents éducatifs (CJPM, art. L. 521-2). Elle peut aussi, à titre exceptionnel, résulter de la saisine du tribunal pour enfants, par le procureur de la République, aux fins d'audience unique afin que le tribunal statue à la fois sur la culpabilité et la sanction : « lorsqu'un mineur est déféré, le procureur de la République peut, à titre exceptionnel, le poursuivre devant le tribunal pour enfants aux fins de jugement en audience unique selon la procédure prévue par les articles L. 521-26 et L. 521-27 ». S'il est déclaré coupable lors de cette audience, le tribunal pourra prononcer, dans un délai court, compris entre dix jours et trois mois (CJPM, art. L. 423-7, 1° et L. 423-8, 1°) - voir dans un délai d'un mois (CJPM, art. L. 423-9, 2°) - l'ensemble des mesures et peines applicables aux mineurs. Le caractère exceptionnel de cette saisine impose le respect de conditions précises tenant à l'âge du mineur et à ses antécédents judiciaires (CJPM, art. L.423-4, 2° a). Ce dernier doit avoir été soumis à un premier traitement judiciaire ayant donné lieu à un rapport socio-éducatif de moins d'un an versé au dossier qui, à défaut d'y figurer, peut être requis par le procureur de la République à l'occasion du déferrement et qu'il devra verser au dossier de la procédure[19].

9. L'importance du rapport socio-éducatif. - Le rapport éducatif versé par le procureur de la République détermine l'issue rapide du procès pénal du mineur. Ce rapport contient « des éléments circonstanciés relatifs au suivi éducatif, à la mise en œuvre de la mesure et à l'évolution du mineur. Il comprend une proposition éducative. En cas de carence du mineur, le rapport précise les diligences effectuées par le service pour rencontrer le mineur » (CJPM, art. D. 423-3). Une connaissance plus approfondie de la personnalité de ce dernier pourra ressortir, lors de l'audience unique, lorsque sera appréciée son aptitude à respecter les obligations qui lui auront éventuellement été imposées dans le cadre d'une mise à l'épreuve éducative *ante sententiam* décidée par le juge des enfants sur réquisition du procureur de la République (CJPM, art. L. 429-9, 1°, a). Il reste que le délai court avant l'audience ne permettra sans doute pas la mise en place effective de ces mesures. S'il s'estime insuffisamment renseigné, le tribunal pour enfants pourra

[19] Pour le délit de refus de se soumettre aux opérations de prélèvement ordonnées par les officiers de police judiciaire (CPP, art. 55-1), le procureur de la République verse au dossier le recueil de renseignements socio-éducatifs établi à l'occasion du déferrement (CJPM, art. L. 423-4, 2° b).

statuer selon la procédure de mise à l'épreuve éducative et renvoyer le prononcé de la sanction à une audience dont il fixe une date comprise dans un délai de six à neuf mois.

10. Le succès redouté de l'audience unique. - La rapidité de la procédure de saisine de la juridiction aux fins d'audience unique n'est pas sans rappeler celle de la comparution immédiate chez les majeurs délinquants[20]. Ainsi, un mineur qui se verrait reprocher un délit ou une contravention de la cinquième classe pourrait, après son placement en garde à vue, être placé en détention provisoire sur réquisition du Procureur de la République (CJPM, art. L. 423-9) pour être condamné dans les dix jours. La pratique dira, en raison de son succès auprès des tribunaux, si l'audience unique revêtira ou non un caractère exceptionnel ainsi que l'avait envisagé de prime abord le législateur.

B. Le temps compté accordé aux délinquants ordinaires

11. La mise à l'épreuve éducative au cœur du procès pénal. - La procédure de mise à l'épreuve éducative est la procédure de droit commun du procès pénal du mineur : « qu'il soit saisi par le procureur de la République (CJPM, art. L. 423-4) ou par ordonnance de renvoi du juge d'instruction, le juge des enfants ou le tribunal pour enfants statue selon la procédure de mise à l'épreuve éducative. Cette procédure comporte 1° une audience d'examen de culpabilité, 2° une période de mise à l'épreuve éducative, 3° une audience de prononcé de la sanction » (CJPM, art. L.521-1). Le temps laissé aux mesures éducatives est celui de la césure. Elles font suite aux éventuelles mesures éducatives judiciaires probatoires et précèdent les mesures éducatives judiciaires prises à l'audience de prononcé de la sanction. La partition éducative respecte bien, en théorie, les principes fondamentaux reconnus par les lois de la République. Elle rend compte que les décisions prises à l'égard des mineurs « tendent à leur relèvement éducatif et moral ainsi qu'à la prévention de la récidive et à la protection de l'intérêt des victimes » (CPJM, art. L. 11-2) et que l'atténuation de la responsabilité pénale des mineurs est « fonction de leur âge et la nécessité de rechercher leur relèvement éducatif et moral par des mesures adaptées à leur âge et leur personnalité » (CPJM, article

[20] A. VARINARD, Les fondements du nouveau Code de la justice pénale des mineurs, Droit de la famille n° 3, Mars 2021, dossier 2, n° 21.

préliminaire). Mais la lecture minutieuse qu'elle suppose est contredite par celle, technocratique, d'une justice soumise « au culte de la rapidité[21] », déconnectée de la réalité du travail éducatif effectué concrètement auprès du mineur.

1) L'audience à bref délai d'examen de la culpabilité et l'ouverture de la période de mise à l'épreuve éducative

12. Le jugement de culpabilité et sur l'action civile éventuelle. - La première audience se déroule devant le juge des enfants ou le tribunal pour enfants, ce dernier étant exclusivement compétent lorsque le mineur encourt une peine d'emprisonnement supérieure ou égale à trois ans (CPJM, art. L. 231-3, 1°). Elle tranche rapidement la question de la culpabilité du mineur dans un délai court, compris entre dix jours et trois mois à compter de la date à laquelle a été convoqué le mineur. Le déroulement rapide de la procédure a vocation à permettre au mineur de prendre conscience des conséquences juridiques de ses actes et à la victime d'être indemnisée. Là seraient les éléments réunis d'une « éthique restaurative[22] ». Si le prononcé de la juridiction sur la matérialité de l'infraction et son imputabilité matérielle au mineur pourraient ne pas faire difficulté, il n'en est pas de même, de son imputabilité morale ; la France ayant refusé d'introduire une présomption irréfragable d'incapacité du mineur, en deçà d'un certain âge, comme le préconise le Comité des droits de l'enfant de l'ONU[23], qui aurait empêché toute poursuite à son encontre et permis uniquement l'adoption de mesures de protection. Malgré la définition légale donnée du discernement qui reprend celle, jurisprudentielle, du célèbre arrêt Laloube[24], l'appréciation des capacités du mineur à comprendre et vouloir son acte, autrement dit, à avoir agi avec intelligence et volonté, sera abandonné à la sagesse des magistrats, en situation de devoir évaluer la maturité affective, psychologique et intellectuelle d'un enfant

---

[21] C. LAZERGES, Cohérence et incohérences dans l'ordonnance n° 2019-950 du 11 septembre 2019 portant partie législative du code de la justice pénale des mineurs, RSC, 2020, p. 175.
[22] C. SAAS, La césure du procès pénal pour les mineurs : une chance à saisir !, Gaz. Pal., 13 janv. 2009, p. 4.
[23] Comité des droits de l'enfant, Les droits de l'enfant dans le système de justice pour mineurs, 44e session, Genève, 15 janv./2 févr. 2007, Observation Générale n° 10 (2007).
[24] Cass. crim. 13 déc. 1956, n° 55-05772.

de moins de treize[25]. Là encore[26] se pose la question des moyens dont ils disposent pour forger leur conviction. Il est fréquent qu'une simple expertise psychologique ou psychiatrique soit délivrée au-delà d'un délai de trois mois[27]. S'il devait le juger coupable d'une infraction pénale, leur décision devra être motivée au regard de la présomption simple d'incapacité de discernement du mineur de moins de treize ans ; leur motivation devant alors se fonder sur tout élément du dossier établissant qu'il était capable au moment des faits (CPJM, art. D. 521-1). Enfin, le cas échéant, la juridiction se prononcera sur l'action civile (CPJM, art., L. 521-7) à moins qu'elle estime que l'affaire n'est pas en état d'être jugée, auquel cas, elle peut la renvoyer d'office ou à la demande d'une partie à une audience qui ne peut pas excéder trois mois (CJPM, art. L. 521-3) ; le renvoi étant de droit à la demande de la partie civile. Si le mineur devait être déclaré irresponsable, mais auteur des faits reprochés, la juridiction pourrait statuer sur l'action civile, conformément aux dispositions des articles 1240 et 1242 du Code civil (CJPM, art. D. 512-1)[28].

13. Les mesures éducatives judiciaires provisoires. - Lorsqu'elle déclare le mineur coupable des faits qui lui sont reprochés, la juridiction ordonne l'ouverture d'une période de mise à l'épreuve éducative d'une durée comprise entre six et neuf mois après la déclaration de culpabilité (CPJM, art. L. 521-9)[29]. Là commence véritablement le traitement auquel sera soumis le mineur, destiné à sa réadaptation à la vie sociale et dont il sera tenu compte lors de l'audience de prononcé de la sanction. Ce traitement provisoire pourra faire suite à des mesures éducatives déjà prononcées par le juge des enfants sur réquisition du parquet qui s'appliquent jusqu'à l'audience d'examen de culpabilité (CJPM, art. L. 423-9). Le juge aura alors à statuer, par ordonnance motivée, en audience de cabinet, après un débat contradictoire au cours duquel il aura entendu les réquisitions du procureur de la République, puis les observations du mineur et celles de son avocat. Le cas échéant, il aura entendu ses représentants légaux - ses parents - ou autres représentants

[25] J. BIGOT, Le mineur en conflit avec la loi reste-t-il un enfant à protéger ?, AJ Pénal, 2019, p. 479.
[26] *Supra*, n° 5.
[27] J. BIGOT, Réforme de la justice, Interview, 18 févr. 2021, *www.themis.asso.fr/reforme-de-la-justice-des-mineurs-interview-de-josiane-bigot/?msclkid=fa4aa80ccea21.*
[28] *Infra*, n° 19.
[29] F. FOURMENT, La procédure de mise à l'épreuve éducative, « césure » du procès pénal ou sanction avant le jugement ?, Gaz. Pal., 12 mai 2020, n° 18, p. 80.

légaux. À l'audience de culpabilité et dans l'attente de l'audience sur la sanction, la juridiction peut ordonner (CPJM, art. L. 521-14) des mesures d'investigation (une expertise médicale ou psychologique), des mesures judiciaires d'investigation éducative, des mesures éducatives judiciaires provisoires (qui peuvent être prononcées à tous les stades de la procédure), ou encore, des mesures de « sûreté » (contrôle judiciaire ou assignation à résidence avec surveillance électronique). Ces mesures sont exécutoires par provision et susceptibles d'appel. Elles expirent à la date fixée par la décision et en tout état de cause lors du prononcé du jugement sur la sanction, mais peuvent à tout moment être modifiées par le juge qui peut en ordonner la mainlevée. De même, le juge peut-il, à tout moment, y compris en cas de rattachement d'une nouvelle procédure, d'office, à la demande du mineur ou de son avocat ou sur réquisitions du procureur de la République, prescrire, modifier ou lever la mesure éducative judiciaire provisoire ou les mesures de sûreté (CPJM, art. L. 521-15). Il peut aussi, en cas d'incident durant la période de mise à l'épreuve éducative, délivrer à l'encontre d'un mineur un mandat de comparution ou ordonner un mandat d'amener - un mandat d'arrêt s'il réside à l'étranger ou en fuite - si le mineur se soustrait aux obligations et interdictions du contrôle judiciaire ou d'une assignation à résidence avec surveillance électronique durant la période de mise à l'épreuve éducative (CPJM, art. L. 521-16). Il peut encore, d'office ou sur réquisitions du procureur de la République, convoquer le mineur à un débat contradictoire en vue de la révocation de son contrôle judiciaire et de son placement en détention provisoire (CPJM. art. L. 521-21).

2) L'audience à bref délai de prononcé de la sanction

14. Le jugement relatif à la sanction après la mise à l'épreuve éducative - La période de mise à l'épreuve éducative s'achève par l'audience de prononcé de la sanction où la partie civile peut présenter sa demande si elle ne l'a pas fait lors de l'audience de culpabilité (CPJM, art. 521-24). Cette audience peut donner lieu à la jonction de plusieurs procédures engagées à l'encontre du mineur, d'office ou sur demande du procureur de la République ou des parties (CPJM, art. 521-25). Elle intervient dans un délai compris entre six à neuf mois après l'audience de la culpabilité. Cette dernière devrait donner sens à la césure, tout particulièrement dans le contentieux spécifique des mineurs. La césure confère au juge le pouvoir de « réflexion après la constatation de la culpabilité et avant la détermination de la peine[30] ». Elle traduit « la phase méditative du raffinement moral dans laquelle, après avoir établi le délit, on réfléchit à la mesure à prendre pour réadapter. Châtier est toujours plus facile que réadapter[31] ». Aussi, le juge, dans sa réflexion, devrait-il pouvoir s'appuyer sur la procédure de mise à l'épreuve éducative *ante sentenciam*, qui offre l'opportunité d'un accompagnement qualitatif du mineur, en parallèle aux mesures d'investigations nécessaires, vers le chemin de sa réinsertion. En cohérence avec la chance qu'il représente, le mineur est en droit d'attendre un traitement digne, adapté, tenant compte de sa personnalité et, surtout, effectif. Aussi, l'audience de prononcé de la peine devrait être l'occasion d'un bilan dressé sur les diligences accomplies afin de pouvoir mesurer sa bonne volonté à coopérer à son redressement et à manifester son repentir. En ce sens, la présence possible de la victime à l'audience - très vraisemblablement en souffrance - contribue à la justice restaurative[32]. Le chemin ou non parcouru, les progrès réalisés devraient substantiellement dicter la peine. D'ailleurs, la juridiction peut prononcer une déclaration de réussite éducative à l'égard du mineur qui, dans le cadre d'une mise à l'épreuve éducative, a pleinement respecté les obligations qui lui étaient imposées (CPJM, art. L. 11-6). Or, les voies s'accordent pour relever l'indigence des moyens dont disposent les services compétents afin de mettre en place les mesures éducatives dans les délais[33]. S'ils y parviennent, la qualité de leur travail pourra être sujette à caution. L'accueil de la réforme par les psychiatres et psychologues pourrait être tout aussi circonspect. Mais surtout, le délai de la césure, en méconnaissant le processus de l'adolescence, contredit le principe d'individualisation de la peine. D'une part, souligne un magistrat, « pour prendre réellement la mesure de la personnalité d'un jeune, il faut le rencontrer plusieurs fois, il faut entrer dans son environnement proche, dans sa famille, dans ses milieux de fréquentation, tout ça avant que des équipes pluridisciplinaires

[30] M. ANCEL, La césure du procès pénal, précité, p. 212.
[31] M. ROLLAND, La scission du procès en deux phases, *in* L'individualisation des mesures prises à l'égard du délinquant (Public. Du Centre d'études de défense sociale de l'Institut de droit comparé de l'Université de Paris, 1954, p. 139, cité par M. Ancel, article précité.
[32] R. CARIO, La consécration législative de la Justice restaurative, LPA, 4 janv. 2016, n° 2, p. 6.
[33] C. LAZERGES, Cohérence et incohérences dans l'ordonnance n° 2019-950 du 11 septembre 2019 portant partie législative du code de la justice pénale des mineurs, RSC, 2020, p. 175 ; A. VARINARD, Les fondements du nouveau Code de la justice pénale des mineurs, Droit de la famille, n° 3, Mars 2021, dossier 2.

n'interviennent pour effectuer un bilan complet. On sait donc que le pari de faire tout cela en six mois sera difficilement tenable »[34]. D'autre part, le temps de l'éducation est tout simplement long, ce qui heurte au stade du prononcé de la peine, mais ce que le législateur a bien compris avec l'instauration des mesures éducatives judiciaires prises à titre de sanction (art. L. 112-1 s.).

15. Les mesures éducatives à titre de sanction. - Il serait sans doute très exagéré de considérer que le droit pénal traite désormais un jeune délinquant comme un risque, plutôt que comme une chance. Mais les difficultés engendrées par la rapidité de la procédure, pourraient conduire à ce que la peine prononcée dépende, en pratique, essentiellement de la gravité de l'acte commis et, parfois aussi, de l'émotion qu'il aura pu susciter auprès du grand public. Néanmoins, c'est guidé par les principes d'atténuation de la responsabilité pénale et de subsidiarité de la peine que le juge des enfants, statuant en chambre du conseil (CJPM, art. L. 513-1), ou le tribunal pourra prononcer des peines qui sont les mêmes que celles qui peuvent être prononcées en audience unique.

II. La césure dans l'urgence de la réparation : la prise en charge collective du risque

16. Du risque créé à la faute. - Si le procès pénal et la responsabilité pénale du mineur conserveraient, après la réforme, des vertus éducatives - du moins en principe - telle n'est pas *a priori* la fonction de la responsabilité civile, mise en œuvre par toute victime du fait d'un mineur qui pourra, dès l'examen de sa culpabilité, solliciter la réparation de son préjudice. Le code de justice pénale des mineurs rappelle le formalisme procédural (CJPM, art. L. 512-1) d'une action qui reste ouverte même si la juridiction constate, « après avoir déclaré que le mineur poursuivi a commis les faits qui lui sont reprochés (...), qu'il n'est pas pénalement responsable en raison de son absence de capacité de discernement ». Il lui revient alors de statuer sur l'action civile conformément aux articles 1240 et 1242 du code civil » (CJPM, art. D. 512-1). Cette disposition reflète à elle seule, le fossé qui sépare

[34] J. BIGOT, Réforme de la justice, Interview précitée, Thémis, 18 févr. 2021.

aujourd'hui le pénal du civil, obéissant chacun à leur logique propre[35]. L'absence de faute pénale n'efface pas la faute civile, celle en particulier du mineur, pas plus qu'elle n'oblitère la responsabilité de ceux qui sont susceptibles d'assumer les conséquences dommageables de ses actes, en tout premier lieu de ses parents. Si la responsabilité civile est le relais d'une société en quête assurantielle de tous les risques de dommages engendrés par l'activité humaine (I), elle pourrait demain s'ouvrir à d'autres horizons, avec la réforme du droit de la responsabilité civile, du moins telle que l'envisage la proposition de loi déposée au Sénat, le 29 juillet 2020 (II). Pourrait alors être infléchie la logique du risque et de la réparation pour une logique de responsabilisation de ceux et celles qui entourent l'enfant, favorisée par un retour déguisé à la faute.

A. La responsabilité civile du fait de l'enfant de *lege lata*

17. Les responsables potentiels du fait de l'enfant. - Hormis les parents devenus les principaux « assureurs[36] » de leur enfant mineur - lequel reste responsable de son fait - d'autres personnes entourant celui-ci peuvent être tenues pour responsable à raison des dommages qu'il cause.

1) La canalisation de la responsabilité sur les parents.

18. La responsabilité principale des parents. - Qu'un drame survienne et le regard des victimes se tourne aussitôt vers ceux sans qui rien ne serait : les parents. Le succès de leur responsabilité tient à aux caractères de celle-ci, tout à la fois directs, larges et stricts (C. civ., art. 1242, al. 4). Direct, car, au contraire des autres régimes de responsabilité du fait d'autrui, seul le fait dommageable et non la faute de l'auteur du dommage, en l'occurrence celle de l'enfant, engage la responsabilité de ses parents[37]. Delà, l'attractivité de cette

[35] - Ch. DUBOIS, Responsabilité civile et responsabilité pénale, à la recherche d'une cohérence perdue, Préf. Y. Lequettes, Bil. Dr. privé, 2016, Tome 570.

[36] - D. MAZEAUD et J.-S. BORGHETTI, Imputation du dommage causé à autrui, Pour une réforme du droit de la responsabilité civile, Sous la direction de François Terré, Thèmes et commentaires, Actes, Dalloz, 2011, p. 149.

[37] Ass. plén., 9 mai 1984, n° 79-16612, *Fullenwarth*, JCP, G, 1984, II, 20555, note N. DEJEAN DE LA BÂTIE ; GAJ civ., t. 2, 12 éd., n° 215. Civ. 2e, 10 mai 2001, *Levert*, n° 99-11287, précité. Également, Ass. Plén. 13 déc. 2002, n°° 01-14007, D. 2003, p. 2331, note P. JOURDAIN. JCP,

responsabilité lorsqu'elle est en concours avec d'autres régimes de responsabilités du fait d'autrui, ces derniers exigeant de la victime qu'elle prouve la faute de l'enfant, au surplus « caractérisée par la violation des règles de jeu » en matière sportive (C. civ., art. 1242)[38]. Large, car son application est uniquement subordonnée à des conditions objectives et juridiques : l'exercice d'un droit - l'autorité parentale - des parents sur l'enfant et leur cohabitation - appréciée abstraitement - avec ce dernier. Strict enfin, car seule la cause étrangère, présentant les caractères de la force majeure - et la faute de la victime - permet aux parents de s'exonérer de leur responsabilité et non, comme par le passé, leur absence de faute dans l'éducation et la surveillance de leur enfant[39]. La responsabilité des parents est objective ou de plein droit[40]. Elle en est même aujourd'hui l'exemple le plus abouti, son plus beau fleuron - certains soulignent son caractère automatique[41] - ce qui exclut toute possibilité d'apprécier la qualité du lien pédagogique unissant les parents à leur enfant. Au demeurant, l'extrême sévérité de cette responsabilité se reporte-t-elle, en cas de divorce, sur le parent chez qui l'enfant réside « quand bien même l'autre parent, bénéficiaire d'un droit de visite et d'hébergement, exerçait conjointement l'autorité parentale et aurait commis une faute civile personnelle dont l'appréciation ne relève pas du juge pénal »[42]. « Bons » et « mauvais » parents sont égaux face à la menace des assureurs d'augmenter le montant de leur prime - à supposer qu'ils soient assurés -, mais aussi devant l'indifférence d'un

G, 2003, II, 10010, note A. HERVIO-LELONG ; Droit de la famille, 2003, n° 23, obs. J. JULIEN ; JCP, G, 2003, I, 154, n° 46, obs. G. VINEY.

[38] Ass. Plén., 29 juin 2007, LPA 24 sept. 2007, p. 3 s., note J. MOULY ; RTDCiv., 2007, 782, obs. P. JOURDAIN. J. FRANÇOIS, Fait générateur de la responsabilité du fait d'autrui : confirmation ou évolution ? (à propos de Cass., ass. plén., 29 juin 2007), D. 2007, p. 2408.

[39] Civ. 2e, 17 févr. 2011, n° 10-30439, D. 2011. 1117, note M. Bouteille ; RTDCiv. 2011, p. 544 , note P. JOURDAIN ; Gaz. Pal. sous 4-5 mai 2011, obs. M. MEKKI ; RCA 2011. Comm. 164, note. F. LEDUC ; O. GOUX.

[40] Civ., 19 févr. 1997, *Bertrand*, nc , JCP, G, 1997, II, 22848, note G. VINEY, concl. R. KESSOUS ; Gaz. Pal. 1997, jur., p. 573, note F. CHABAS ; D. 1997, jur., p. 265, note P. JOURDAIN ; Gaz. Pal. 1998, jur., p. 18, note B. PUILL.

[40] Civ. 2e, 15 sept. 2011, n°10-965.

[41] D. BAKOUCHE, L'abandon de la condition relative à la responsabilité de l'auteur du dommage est-il cantonné à la seule responsabilité des parents du fait de leurs enfants mineurs ?, note sous, Civ. 2e, 17 févr. 2011, n° 10-439, JCP, G, n° 18, 2 mai 2011, 519.

[42] Cass. crim., 29 avr. 2014, n° 13-84207, Nos obs., Gaz. Pal., 5 juin 2014, n° 13-84207, Gaz. Pal., 4/5 juin 2014, n° 155 à 156, p. 5. Dans le même sens, Cass. crim., 6 nov. 2012, n° 11-86857, JCP G 2013, 484, n° 6, obs. C. BLOCH ; AJ famille 2012, p. 613, obs. F. CHÉNEDÉ ; JCP G 2013, n° 1, doctr. 38, n° 7, chron. C. COUTANT-LAPALUS ; D. 2012, p. 2658, obs. I. GALLMEISTER ; RTD civ. 2013, p. 106, J. HAUSER ; Gaz. Pal. 14 févr. 2013, p. 21, 117r2, chron. M. MEKKI ; Dr. famille 2013, comm. 35, par S. ROUXEL ; D. 2013, p. 124, obs. C. ROTH.

droit, tout entier orienté en faveur des victimes et devenu sourd à l'écoute de leur parcours éducatif[43]. Il a été suggéré que la responsabilité objective serait un moyen puissant de « responsabilisation » des parents. Elle permettrait d'obtenir d'eux une plus grande diligence, de stimuler leur zèle éducatif[44]. Or, il n'a jamais été réellement démontré que la responsabilité objective détenait mieux que la responsabilité pour faute des vertus préventives[45].

2) Les autres responsables

19. La responsabilité personnelle du mineur. - La responsabilité personnelle de l'enfant lui-même (C.civ., art. 1240 et 1241) n'est pas exclue, celle de ses parents ne lui accordant aucune immunité[46]. Elle peut même être exclusive, notamment s'il a demandé à être émancipé. Mais sa responsabilité n'ouvre plus aujourd'hui à débats, contrairement au droit pénal, sur l'âge à partir duquel il aurait atteint la capacité à discerner les conséquences de ses actes. D'un cas d'espèce érigé en principe[47] - hormis l'hypothèse de la responsabilité d'un *infans*, la responsabilité civile coïncide pratiquement toujours, avec la possibilité d'imputer moralement le fait à son auteur - la faute objective ouvre à l'illicite, en droit civil, des horizons inaccessibles à la faute pénale soumise au principe de légalité des délits et des peines. Au demeurant, le spectre large de la faute en droit civil est pleinement acté par le code de justice pénale des mineurs, lequel autorise la juridiction de jugement à statuer sur l'action civile conformément aux articles 1240 et 1242 du Code civil, après avoir déclaré que le mineur poursuivi a commis les faits qui lui sont reprochés et constaté qu'il n'est pas pénalement responsable en raison de son absence de capacité de discernement (CJPM, art. D. 512-1).

20. Les responsabilités subsidiaires à la responsabilité des parents - l'apport du CJPM. - À la suite de l'arrêt *Blieck* qui a ouvert la

[43] F. BOULANGER, Autorité parentale et responsabilité des père et mère des faits dommageables de l'enfant mineur après la réforme du 4 mars 2002. Réflexions critiques, D. 2005, Chron., p. 2245.
[44] C. SIFFREIN-BLANC, Vers une réforme de la responsabilité civile des parents, RTDCiv. 2011, p. 479.
[45] H. LÉCUYER, Une responsabilité déresponsabilisante, droit de la famille 1997, n° 3, Repères ; C. PECNARD, Libre propos sur le principe de responsabilité, PA, 14 oct. 2004, n° 206, p. 3.
[46] Cass. Civ. 2e, 11 sept. 2014, n° 13-16897.
[47] Cass. ass. plén., 9 mai 1984, n° 80-93031 *Lemaire* et n° 80-93481 *Derguini.*

responsabilité du fait d'autrui[48], l'enfant expose, le cas échéant, la responsabilité de plein droit (C.civ., art. 1242, alinéa 1er) de ceux - association, centre, foyer - qui, dans le cadre d'une mesure éducative, ont accepté d'organiser, de diriger et contrôler, à titre permanent, son mode de vie[49]. Leur responsabilité qui éclipse celle des parents lorsque l'enfant leur a été confié sur décision du juge[50] ne disparaît que si ce dernier suspend ou interrompt leur mission[51]. À défaut, ils restent responsables même si l'enfant se trouvait au moment des faits chez ses parents[52] et la responsabilité de ces derniers ne peut plus, *a priori*, être recherchée sur aucun fondement[53]. Le code de justice pénale des mineurs pourrait renouveler la question de l'articulation de cette responsabilité avec celle, au moins personnelle, des parents, lorsque le juge compétent pour statuer sur le placement « autorise la personne, le service ou l'établissement auxquels est confié le mineur à exercer un acte relevant de l'autorité parentale en cas de refus abusif ou injustifié ou en cas de négligence des détenteurs de l'autorité parentale » (CJPM, art. L. 113-1, alinéa 2). Enfin, s'inscrit dans la même catégorie de responsables du fait de l'enfant, son tuteur, traditionnellement considéré comme le substitut des parents[54].

21. Les responsables occasionnels de l'enfant. - Il n'est pas d'obstacle à ce que la faute de l'enfant en sa qualité de préposé engage la

---

48 Cass. ass. plén., 29 mars 1991, n° 89-15231, JCP, 1991, II, 21673, concl. DONTENWILLE, note J. GHESTIN ; RTDCiv., 1991, 312, note J. HAUSER et p. 541, note P. JOURDAIN ; D. 11991, 324, note C. LARROUMET.

49 Rouen, 25 sept. 1991, D. 1993, 5, note Pigache. Les juridictions administratives se soient ralliées aux juridictions civiles (CE, sect., 1er févr. 22006, n° 268147, RCA 2006, n° 142, note Guettier ; RFDA 2006, 602, concl. GUYOMAR ; D. 2006, 2301, note Fort ; AJDA 2006, 586, note LANDAIS et LENICA. Également, CE, 113 févr. 2009, n° 294265 et CE 13 nov. 2009, n° 306517. E. MATUTANO, Fondement de la responsabilité sans faute de l'Administration consécutive aux méthodes libérales de rééducation des mineurs, D. 2009, 2698).

50 Cass. crim., 10 oct. 1996, JCP, G, 1997, II, 22833, note F. CHABAS ; D. 1997, p. 309, note M. HUYETTE , LPA, 24 févr. 1997, p; 6, note M.-C. LEBRETON.

51 A. GOUTTENOIRE et C. RADÉ, La responsabilité du fait du mineur placé, AJ Famille 2007, p. 69.

52 Civ. 2e, 6 juin 2002, n° 00-12014, n° 00-15606, n° 00-18286, n° 00-19694, n° 00-19922, 3 esp., JCP, 2003, II, 10068, note GOUTTENOIRE-CORNU et ROGET ; Dr. Fam. 2002, n° 109, note J. JULIEN ; RTDCiv., 2002, 825, obs. P. JOURDAIN.

53 M.-C. LEBRETON, Le fait dommageable de l'enfant : à la recherche d'une cohérence entre les divers cas de responsabilité, LPA, 11 avril 2007, n° 73, p. 6. D. AUTEM, La responsabilité civile du fait d'autrui à l'épreuve de la réforme de la protection de l'enfance, RDSS, 2012, p. 134.

54 Crim. 28 mars 2000, n° 99-84.075, RTDCiv., 2000, 245, obs. J. HAUSER et 586, obs. P. JOURDAIN.

responsabilité de son commettant (C. civ., art. 1242, al. 5)[55], ou encore celle, personnelle (C.civ. art. 1240 et 1241), de celui ou celle qui le surveille temporairement (grand-mère[56], grand-père[57], ou un établissement d'éducation surveillée[58]). La responsabilité de ces derniers est alors très proche du régime qui s'applique à l'instituteur pour les dommages causés par ses élèves[59], dont la spécificité factice (C.civ., art. 1242, al. 6) justifie qu'il soit supprimé.

B. La responsabilité civile du fait de l'enfant *de lege feranda*

22. La proposition de loi portant réforme de la responsabilité civile du 29 juillet 2020. - Énième et dernière tentative à ce jour, pour que soit menée à son terme, après l'ordonnance n° 2016-131 du 10 février 2016, la refonte tant attendue du droit des obligations[60], la proposition de loi en date du 29 juillet 2020 portant réforme de la responsabilité civile, opère une codification des différents cas de responsabilité du fait d'autrui, à la suite des avant-projets Catala et Terré et du rapport sénatorial Anziani-Béteille. D'après cette proposition ces différents cas revêtiraient un caractère limitatif (C. civ. art. 1243[61]). L'originalité de la réforme, inspirée en ce point des projets Catala (art. 1355)[62] et Terré (art. 14),[63] consisterait à dessiner, authentifier, un groupe - ou cercle -

---

[55] Fils préposé de son père : Cass. civ., 4 déc. 1945, JCP, G, 1946, II, 3110 ; Cass. 2e, civ., 26 févr. 1986, Bull. civ., II, 3110.

[56] Civ. 1re, 9 nov. 1971, D. 1972, 75 ; RTDCiv., 1972, note G. DURRY.

[57] Civ. 2e, 28 déc. 1988, Gaz. Pal. 1989, 2, Somm. 320.

[58] Civ., 2e, 8 oct. 1967, D. 1968, 197.

[59] M. BRUSORIO, La responsabilité civile des enseignants en cas d'accident scolaire, Thèse Aix-Marseille III, 2005.

[60] Projets de réforme : P. CATALA (2005), F. TERRÉ (2011) ; Proposition de loi - Sénateur L. BÉTEILLE - déposé le 9 juillet 2009 portant réforme de la responsabilité civile ; Avant-projet de loi de réforme de la responsabilité civile, ouvert à la consultation le 29 avril 2016 ; Projet de loi de réforme de la responsabilité civile, présenté le 13 mars 2017 ; Groupe de travail de la Cour d'appel de Paris, rapport sur « La réforme du droit français de la responsabilité civile et les relations économiques », avr. 2019.

[61] Proposition de loi de 2020, art. 1243 : « On est responsable du dommage causé par autrui dans les cas et aux conditions posés par les articles 1244 à 1248 ».

[62] Article 1355 : « *Sont responsables des dommages causés par un enfant mineur :*
. ses père et mère en tant qu'ils exercent l'autorité parentale ;
. Le tuteur en cas de décès de ceux-ci ;
. la personne physique ou morale chargée par décision judiciaire ou administrative ou par convention, de régler l mode de vie du mineur. Cette responsabilité peut se cumuler avec celle des parents ou du tuteur ».

[63] Art. 14 : « *Sont responsables de plein droit du fait du mineur :*

de personnes responsables autour de l'enfant mineur pour créer à partir de lui un nouveau cadre unifié de responsabilités : « Les responsabilités du fait du mineur ». Ce cercle pourrait être qualifié de premier cercle, induisant l'application d'un « régime de base » tant il n'épuiserait pas tous les cas de responsabilité du fait de l'enfant. Pour autant, cette proposition interroge dès lors qu'elle soumet l'ensemble de ces régimes à un mécanisme exonératoire commun, compatible avec la responsabilité pour faute, suggérant un possible rapprochement du civil et du pénal.

1) Les responsables du fait de l'enfant

23. Le cercle des personnes responsables autour de l'enfant. - Sont répertoriés dans ce « premier groupe » de responsables, les parents (C.civ., art. 1245, 1°), les tuteurs (C. civ., art. 1245, 2°) et la personne « chargée, par décision judiciaire ou administrative, d'organiser et contrôler à titre permanent le mode de vie du mineur » ; cette dernière responsabilité étant exclusive de celle des parents ou tuteurs (C.civ., art. 1245, 3°). L'égalité de traitement dont bénéficient ces responsables ne tient pas compte de la hiérarchie naturelle qui s'établit entre eux vis-à-vis de l'enfant. Elle prend appui sur l'évolution prétorienne qui tend à leur appliquer le même régime de responsabilité parce qu'ils ont principalement en charge de s'occuper de l'enfant. Sont exclus de ce premier cercle, contrairement aux solutions jusque-là retenues par les projets antérieurs, les personnes qui exercent une mission de surveillance d'autrui par contrat[64].

24. La redéfinition du champ de la responsabilité des parents. - La portée de la responsabilité des parents pourrait évoluer sous l'effet de deux innovations substantielles contenues dans la proposition de loi. La première redistribue les cartes des responsabilités du fait de l'enfant en posant pour principe que toute responsabilité du fait d'autrui « suppose la preuve d'un fait de nature à engager la responsabilité de

---

- ses père et mère, en tant qu'ils exercent l'autorité parentale ;
- son tuteur, en tant qu'il est chargé de prendre soin de la personne de l'enfant ;
- la personne physique ou morale chargée par décision judiciaire ou administrative, ou par convention, d'organiser et contrôler à titre permanent le mode de vie du mineur.
Ces responsabilités sont alternatives ».

[64] Crim., 15 juin 2000, Bull. crim., n° 232 ; LPA, n° 224, 2000, 16, note Y. DAGORNE-LABBE ; JCP, G, 2000, I, 280, n° 15, obs. G. VINEY.

l'auteur direct du dommage » (C.civ. art. 1244). La responsabilité des parents reprendrait sa forme indirecte en sorte qu'elle ne pourrait être retenue sans que celle de l'enfant n'ait au préalable été démontrée. En cas de concours avec d'autres régimes de responsabilité du fait d'autrui, sa mise en œuvre par les victimes d'un dommage causé par un enfant pourrait cesser d'être systématique. La seconde innovation a trait à la disparition de l'exigence de « cohabitation ». Serait ainsi écartées les solutions injustes retenues à propos de parents divorcés[65], et réglée la question de leur responsabilité en cas de garde alternée. À première lecture, cette évolution apparaît parfaitement conforme au mécanisme de la responsabilité objective ; la responsabilité des parents reposant uniquement sur l'exercice de l'autorité parentale, condition juridique et abstraite, tirée de l'existence d'un lien de filiation, sans égard à l'effectivité de cet exercice au moment de la réalisation du dommage[66].

25. Les autres responsables en lien avec l'enfant. - Au-delà du premier cercle des personnes responsables du fait de l'enfant, fourmillent d'autres responsables potentiels constitués en autant de catégories que de situations dans lesquelles ils sont susceptibles d'avoir un lien avec l'enfant. Il peut s'agir tout d'abord de personnes qui par contrat, assument, à titre professionnel, la surveillance d'autrui (C. civ., art. 1247) : instituteurs - dont la responsabilité spéciale est abandonnée - centre de loisirs, colonie de vacances, assistante maternelle. Mais il peut s'agir aussi de personnes agissant en qualité de commettants, car rien ne s'oppose à ce qu'un enfant puisse être assimilé à un préposé (C.civ., art. 1248). Au demeurant, ce commettant pourrait n'être autre que l'artisan chez qui l'enfant accomplit son apprentissage ; artisan dont la responsabilité spécifique fait également les frais de la réforme. Enfin d'autres responsabilités personnelles peuvent être envisagées, telles celles d'un grand-père, d'un oncle, en charge de l'enfant, lorsqu'il leur est reproché un manquement à leur devoir de surveillance.

26. La responsabilité personnelle de l'enfant. - La proposition de réforme du droit de la responsabilité civile ne modifie pas le droit actuel en sorte que l'enfant, quel que soit son âge et la gravité de sa faute, engage sa responsabilité personnelle (C.civ., art. 1240 et 1241). Il n'est

---

[65] *Supra*, n° 6.

[66] F. LEDUC, L'objectivation de la responsabilité parentale, RLDC 2008/51, supp. n° 3080, p.6.

que si l'enfant est victime que son absence de discernement prive l'auteur du dommage de la possibilité de s'exonérer, à moins que sa faute ne revête les caractères de la force majeure (C.civ., art. 1255).

2) La nature de la responsabilité

27. L'hétérogénéité des fondements de la responsabilité du fait d'autrui. - Les responsables potentiels du premier cercle - parents, tuteurs et personne prenant en charge l'enfant à titre permanent - engageraient leur « responsabilité de plein droit » (C.civ., art. 1245) sans que le législateur ne prévoie - ce qui est regrettable - de dispositions rendant l'assurance des parents obligatoire. Dans un contexte plus large, la responsabilité des personnes qui, par contrat, assument à titre professionnel, la surveillance d'autrui est fondée sur la « faute présumée dans l'exercice de leur mission ». Par ailleurs, la responsabilité du fait de l'enfant pourrait être également recherchée à travers l'application de la responsabilité de plein droit des commettants pour la faute de son préposé (C.civ., art. 1248)[67]. Enfin, la responsabilité pour faute de surveillance des autres personnes en lien avec l'enfant pourrait être recherchée, tout comme celle de l'enfant à raison de sa propre faute (C.civ., art. 1240 et 1241). La variété des qualifications, attribuées à ces différents régimes, devrait s'accompagner dans la loi, d'une variété des systèmes de responsabilité, reflet de leur particularisme respectif. Il devrait se vérifier par l'existence de mécanismes exonératoires spécifiques donnant au défendeur la possibilité d'une contre-attaque efficace, lui permettant utilement de démontrer que la responsabilité qui pèse sur lui est proprement infondée : il n'a pas commis de faute si sa responsabilité est recherchée sur le fondement de la faute ; il n'a pas créé le risque si sa responsabilité, fondée sur l'idée de risque, est de plein droit. La proposition de loi du 29 juillet 2020 n'apporte pas de réponse pleinement satisfaisante en donnant de la force majeure une définition unitaire susceptible d'une appréciation subjective, indépendamment de la responsabilité mise en œuvre à l'encontre du défendeur.

---

[67] La proposition de loi de 2020 n'a pas cru bon de reprendre la distinction opérée par le projet Terré selon que le lien de préposition rattachant le préposé au commettant procède ou non d'un contrat de travail. Dans le premier cas, la responsabilité engagée par le commettant aurait suivi les mécanismes de la responsabilité objective et aurait conduit à l'application de ceux de la responsabilité pour faute présumée dans le second cas (Projet Terré, art. 17 et 18).

28. L'importance d'une définition pluraliste de la force majeure. - La force majeure occupe une fonction essentielle en contribuant à révéler le domaine de la responsabilité selon le fondement sur lequel elle repose. Dans les régimes de responsabilités pour faute, le constat de l'absence de faute du défendeur, à partir des seuls critères de l'irrésistible et de l'imprévisible, suffit à l'exonérer de sa responsabilité. La force majeure couvre l'ensemble des évènements présentant ces deux qualités excluant la possibilité de reprocher une faute au défendeur. Tel n'est pas le cas dans les responsabilités de plein droit, dites encore, objectives ou causales, fondées sur l'idée de risques, pour lesquels l'absence de faute du défendeur ne produit, en principe, aucun effet libératoire. L'exigence d'extériorité leur est consubstantielle, signifiant que la force majeure ne saurait porter sur des évènements relevant de la sphère d'activité du défendeur dont il répond en raison des risques qu'il crée. Dans ces régimes de responsabilité, la force majeure se restreint aux évènements étrangers à ce dernier dès lors qu'ils lui sont irrésistibles et imprévisibles. Le pluralisme des définitions de la force majeure répond au pluralisme des fondements de la responsabilité civile. Ce pluralisme des définitions de la force majeure n'apparaît pas dans la proposition de loi du 29 juillet 2020.

29. Vers une définition unitaire de la force majeure. - Selon les dispositions de l'article 1253 du Code civil, comme envisagé par la proposition de réforme, la force majeure en matière extracontractuelle « est l'évènement échappant au contrôle du défendeur ou de la personne dont il doit répondre, et dont ceux-ci ne pouvaient éviter ni la réalisation ni les conséquences par des mesures appropriées ». Cette définition fait écho à la définition légale de la force majeure déjà retenue en matière contractuelle à l'article 1218 du Code civil : « Il y a force majeure en matière contractuelle lorsqu'un évènement échappant au contrôle du débiteur, qui ne pouvait être raisonnablement prévu lors de la conclusion du contrat et dont les effets ne peuvent être évités par des mesures appropriées, empêche l'exécution de son obligation par le débiteur ». Au diptyque, l'irrésistible et l'imprévisible, constitutif de la force majeure dans le régime de responsabilité pour faute et au triptyque, l'irrésistible, l'imprévisible et l'extérieur, constitutif de la force majeure dans le régime de responsabilité de plein droit ou causale, succéderait un nouveau diptyque - l'incontrôlable et l'inévitable - dont le bénéfice intégralement exonératoire profiterait à tout défendeur qu'il expose sa responsabilité en raison de son fait personnel, du fait de la chose ou du fait d'autrui. Après avoir été plurielle, conformément à la logique propre à chaque régime de responsabilité, succéderait une définition unitaire de la force majeure contribuant à l'unité des régimes de responsabilité civile à partir d'un fondement commun duquel pourrait se profiler la faute.

30. La subjectivation des régimes de responsabilité « de plein droit ». - Quels que soient les efforts entrepris, faire entrer l'ancien dans le neuf paraît hasardeux. L'irrésistible évoque l'incontrôlable et au-delà cette force impossible à combattre. L'imprévisible peut être rapproché de l'inévitable, elle en est l'indice[68]. Mais l'extérieur, marque de la responsabilité de plein droit, allié de la cause étrangère, oubliée du nouveau droit des contrats, semble s'être évaporé au jeu des comparaisons. Pourrait-il survivre à travers l'incontrôlable[69] ? Rien n'est moins certain, car ce qui est extérieur peut-être incontrôlable, mais ce qui est incontrôlable peut-être intérieur. Du reste, le contrôle d'un évènement et la possibilité d'en éviter sa réalisation ou ses conséquences laissent présumer la capacité de l'agent à discerner les conséquences de ses actes, en sorte que l'incontrôlable et l'inévitable, pourraient contribuer à restaurer l'imputabilité morale comme condition de la responsabilité civile. L'incontrôlable et l'inévitable, s'ils devaient demain constituer la force majeure permettraient son appréciation subjective et à celui qui l'invoque d'établir en définitive qu'il n'a pas commis de faute. La logique du mécanisme de responsabilités de plein droit en serait balayée, au surplus, avec la possibilité qui serait laissée au défendeur, dans ces responsabilités, d'invoquer des faits justificatifs (Civ. art. 1257).

31. La subjectivation de la responsabilité des parents du fait de leurs enfants mineurs. - La définition de la force majeure, telle que retenue par la proposition de loi du 29 juillet 2020, pourrait nuancer l'approche purement objective de la responsabilité des parents déterminée à partir de l'exercice de leur autorité parentale. En donnant aux parents, la possibilité d'échapper à leur responsabilité selon les termes nouveaux de la force majeure (C. civ., art. 1253, alinéa 2), serait adjointe à la condition explicite de leur responsabilité - l'exercice de

---

[68] P.-H ANTONMATTEI, Contribution à l'étude de la force majeure, LGDI, Bibl. dr. priv., Tome 220, 1992, n° 87.
[69] F. GRÉAU, Force majeure, V° Dalloz, 2017, n° 29.

l'autorité parentale (C.civ., art. 1245, 1°) -, une condition implicite : le contrôle exercé sur l'enfant au moment où ce dernier a causé le dommage. Aussi, la force majeure pourrait conduire à redessiner les contours de la responsabilité civile des parents et la mettre en adéquation avec leur rôle d'être parent : elle ne serait uniquement retenue que lorsque l'enfant fautif, était, au moment de la réalisation du dommage, sous leur contrôle, ou du moins sous le contrôle de l'un deux.

32. Droit civil, droit pénal et droit de la famille. - La perspective d'un retour de la responsabilité civile des parents sous le giron de la faute s'inscrit en rupture avec l'orientation essentiellement indemnisatrice prise par la responsabilité civile tout en long du siècle dernier[70]. Elle peut surprendre. Certains y verront le signe d'un recul du droit français là ou ailleurs son rattachement à la faute ne fait pas difficulté. Ainsi les Principes de droit européen des délits (2003)[71] et du projet de Cadre commun de référence[72] ne retiennent-ils la responsabilité des parents qu'en raison de leur faute présumée de surveillance[73]. Au demeurant la responsabilité objective des parents ne fait pas l'unanimité en doctrine[74] et la faute conserve un puissant attrait, « surtout chez les non-juristes » diront certains[75], alors que précisément, le droit est affaire de tous. Si la responsabilité objective peine à convaincre d'occuper une fonction dissuasive à même d'empêcher les comportements antisociaux, telle n'est pas le cas de la responsabilité pour faute qui place l'homme en relation avec ses actes. Là sans doute repose sa force instinctive. Or

---

[70] Y. LAMBERT-FAIVRE, L'éthique de la responsabilité, RTDCiv., 1998, p. 1.

[71] Art. 6 :101. Responsabilité du fait des mineurs et des handicapés mentaux : « *Toute personne en charge d'un mineur ou d'un handicapé mental est responsable des dommages causés par ce dernier, à moins qu'elle ne démontre qu'elle s'est conformée au standard de conduite requis dans sa supervision* ».

[72] Art. 3 : 04. Ce texte prévoit trois cas de responsabilité subjective, dont la « subjectivité » est atténuée d'une présomption de faute : 1) la responsabilité civile des parents du fait de leurs enfants - alinéa 1er, 2) la responsabilité civile des « autres personnes obligées par la loi de fournir le soin parental d'un mineur de 14 ans, du fait de ce mineur-ci - alinéa 1er, 3) la responsabilité civile des surveillants du fait des personnes qui sont sous leurs surveillance - alinéa 2 ».

[73] Ph. REMY, Réflexions préliminaires sur le chapitre Des délits, Pour une réforme du droit de la responsabilité civile, Sous la direction de François Terré, Thèmes et commentaires, Actes, Dalloz, 2011, p. 15. N. M. P. OLIVERA, La place des responsabilités objectives. Responsabilité du fait d'autrui/responsabilité du fait des choses.

[74] D. MAZEAUD et J.-S. BORGHETTI, Imputation du dommage causé à autrui, Pour une réforme du droit de la responsabilité civile, Sous la direction de François Terré, Thèmes et commentaires, Actes, Dalloz, 2011, p. 149.

[75] Ph. BRUN, Responsabilité civile extracontractuelle, 5e édition, LexisNexis, 2018, n° 51, note 97.

c'est précisément de la qualité de leurs actes posés auprès de leurs enfants, afin de prévenir, dans une perspective sociétale, leurs comportements dangereux et dommageables, que les parents sont amenés à répondre sous l'insistance du droit de la famille et du droit pénal des mineurs : la réussite du projet familial, c'est aussi l'intégration de l'enfant dans la société[76]. Droit familial et droit pénal qui jusque-là étaient sans unité d'approche avec le droit civil ; unité d'approche à laquelle pourrait conduire la réforme de la responsabilité civile.

Toulon, le 3 décembre 2021.

---

[76] Ph. MALAURIE, H. FULCHIRON, La famille, Defrénois, 3e éd., 2009, n° 6.

Liste complète des titres de la collection

Défiance, doute, incertitude : quelle place pour la notion de confiance dans les sociétés modernes ? (dir. Julie Tribolo), août 2019, 90 pp.
L'enfant à l'épreuve de la séparation parentale (dir. Laetitia Antonini-Cochin et Marie-Cécile Lasserre), avril 2019, 126 pp
Les grands principes des répartitions dans les procédures collectives, Maxence Guastella, mars 2019, 300 pp
La cession de dette, Jean-Baptiste Bottin, mars 2019, 148 pp
Déclaration des droits de l'homme et du citoyen. Postérité et actualité (dir. Jimmy Meersman et Rémi Puigventos), février 2019, 238 pp
Médiation et entreprises. Regards croisés Droit et Gestion (dir. Gulsen Yildirim, Isabelle Sauviat et Romain Dumas), janvier 2019, 142 pp
La procédure (dir. Joanna Genovese et Giovanna Debernardi), octobre 2018, 138 pp
Techniques de critique d'une décision « définitive ». Imprécision sémantique et pérennité des décisions de justice en procédure civile, Tennessee Caen, juin 2018, 160 pp
Réforme de la prescription pénale (dir Christine Courtin et Jean-Raphaël Demarchi), juin 2018, 154 pp
Droit des sociétés et procédures collectives (dir. Laurence-Caroline Henry), janvier 2018, 207 pp
Le concept d'arbitrage (dir. Camille Leroy et Loïc Yboud), décembre 2017, 221 pp
Procédure civile et nouvelles technologies, Delphine de Lorgeril, septembre 2017, 164 pp
Mélanges en l'honneur du Doyen Roger Bernardini, « Parcours pénal » (dir. Christine Courtin, Marc Dalloz, Fabienne Ghelfi, Jean-François Renucci), mars 2017, 313 pp
Victor Hugo et les magistrats, Marcel Foulon, octobre 2016, 198 pp
Variations juridiques et sociologiques - Regards experts sur les grandes mutations du droit (dir. Marc Dalloz), septembre 2016, 141 pp
De la mobilisation du fait à la réalisation du droit (dir. Maxime Lei et Loïc Yboud), septembre 2016, 225 pp
Les enjeux patrimoniaux de la séparation - Questions récurrentes (dir. Laetitia Antonini-Cochin), juillet 2016, 112 pp
Les aspects procéduraux du dessaisissement, Benjamin Ferrari, février 2016, 192 pp
Le droit et les sentiments (dir. Laurie Bolleri-Schenique et Delphine Lanzara), décembre 2015, 219 pages
L'erreur judiciaire : Apprendre à douter pour lutter contre les erreurs judiciaires (dir. Xavier Pin), novembre 2015, 119 pp

Fonctionnaires et droit pénal. Des justiciables comme les autres ? (dir. Marc Dalloz et Christine Courtin), septembre 2015, 226 pp

L'expertise non judiciaire à l'aune des droits fondamentaux, Thibault Goujon-Bethan, janvier 2015, 196 pp

Un art, un droit, une question – Triptyque juridico-artistique (dir. Diane Boustani, Dalida Chabri, Marion Combe, Sarah Farhi, Marie-Cécile Lasserre), octobre 2014, 210 pp

Le paiement (dir. Marc Mignot et Jérôme Lasserre Capdeville), juillet 2014, 298 pp

Le vice de procédure. Réflexions désordonnées d'un artisan du droit sur l'article 2241, alinéa 2 du Code civil, Denys Mas, juin 2014, 137 pp

Le droit de l'exécution des peines. Espoirs ou désillusion ? (dir. Fabienne Ghelfi), juin 2014, 153 pp

Variations juridiques et politiques. Clés pour la compréhension du monde contemporain (dir. Yves Strickler), novembre 2013, 354 pp

Les infractions de harcèlement, Sylvana Paradiso, octobre 2013, 94 pp

Volonté et biens (dir. Yves Strickler et Fabrice Siiriainen), juillet 2013, 352 pp

La réforme de la garde à vue (dir. Christine Courtin), janvier 2013, 124 pp

L'arbitrage, questions contemporaines (dir. Yves Strickler et Jean-Baptiste Racine), juillet 2012, 224 pp

Le prix de la rupture. Au cœur des contentieux familiaux (dir. Laetitia Antonini-Cochin et Christine Courtin), mars 2012, 112 pp

Structures éditoriales du groupe L'Harmattan

L'Harmattan Italie
Via degli Artisti, 15
10124 Torino
harmattan.italia@gmail.com

L'Harmattan Hongrie
Kossuth l. u. 14-16.
1053 Budapest
harmattan@harmattan.hu

L'Harmattan Sénégal
10 VDN en face Mermoz
BP 45034 Dakar-Fann
senharmattan@gmail.com

L'Harmattan Cameroun
TSINGA/FECAFOOT
BP 11486 Yaoundé
inkoukam@gmail.com

L'Harmattan Burkina Faso
Achille Somé – tengnule@hotmail.fr

L'Harmattan Guinée
Almamya, rue KA 028 OKB Agency
BP 3470 Conakry
harmattanguinee@yahoo.fr

L'Harmattan RDC
185, avenue Nyangwe
Commune de Lingwala – Kinshasa
matangilamusadila@yahoo.fr

L'Harmattan Congo
219, avenue Nelson Mandela
BP 2874 Brazzaville
harmattan.congo@yahoo.fr

L'Harmattan Mali
ACI 2000 - Immeuble Mgr Jean Marie Cisse
Bureau 10
BP 145 Bamako-Mali
mali@harmattan.fr

L'Harmattan Togo
Djidjole – Lomé
Maison Amela
face EPP BATOME
ddamela@aol.com

L'Harmattan Côte d'Ivoire
Résidence Karl – Cité des Arts
Abidjan-Cocody
03 BP 1588 Abidjan
espace_harmattan.ci@hotmail.fr

Nos librairies en France

Librairie internationale
16, rue des Écoles
75005 Paris
librairie.internationale@harmattan.fr
01 40 46 79 11
www.librairieharmattan.com

Librairie des savoirs
21, rue des Écoles
75005 Paris
librairie.sh@harmattan.fr
01 46 34 13 71
www.librairieharmattansh.com

Librairie Le Lucernaire
53, rue Notre-Dame-des-Champs
75006 Paris
librairie@lucernaire.fr
01 42 22 67 13